8.6/4

*Über dieses Buch* »Vater, Mutter und Kind. Der Vater ein Pferd, die Mutter Ameise, das Kind ein Mädchen. Vater und Mutter fügen sich wie Automaten in die qua Geschlecht bestimmte Verteilung von Macht (Pferd) und Ohnmacht (Ameise). Und betreiben so allein mittels ihrer Existenz an der Tochter von allem Anfang an das Geschäft der Abrichtung, die Reproduktion der Verhältnisse, die Enteignung ihrer Psyche und ihres Körpers, die Formierung eines Menschen zur ›Frau‹... Das Mädchen, namenlos gefangen in einer vom Geschlechtlichen durch und durch geprägten ›Treibhausatmosphäre‹, einem perversen ›Schlüssellochsystem‹, verfällt der Vorstellung, seiner permanenten menschlichen Reduktion nur entkommen zu können, indem es alles, was mit Sexualität in Verbindung steht, in sich und um sich herum zerstört... In ihrem geschlechtlichen ›Niemandsland‹ der Gedanken entwirft sie entschlossene Rachefeldzüge, die sie umgehend zu verwirklichen trachtet. Unbändige Vernichtungsphantasie ausbrütend, setzt sie diese mehr und mehr, in der Dosis sich steigernd, in ihre Lebenswirklichkeit um. Allmählich breitet sich von Szene zu Szene, immer alptraumartiger, eine wuchernde Panik aus, die wie eine ansteckende Krankheit sämtliche Erscheinungsformen des Lebens in ihren Bann zieht und Menschen, ihren Städten und Behausungen, Tieren, der Natur den Stempel unaufhaltsamen Sterbens aufdrückt. Getrieben von der wahnwitzigen Hoffnung, in der bewußt inszenierten Zuspitzung des Unerträglichen möge die Erlösung von dem Übel liegen, könnten die Menschen gezwungen werden, ihr anerzogenes Herrschafts- und Unterwerfungsgebaren zu erkennen – und aufzugeben, geht das Mädchen seinen vernichtenden Weg der Auflehnung bis ans Ende...« (Lottemie Doormann in »Literatur konkret«)

*Die Autorin* Jutta Heinrich, geboren 1940 in Berlin, übte – seit dem 17. Lebensjahr immer auf »Wanderschaft« – ganz unterschiedliche Berufstätigkeiten aus, bis sie 1972 ein Studium der Sozialpädagogik begann und nach dessen Abschluß ein Zweitstudium der Germanistik und Literaturwissenschaft aufnahm. Seit 1975 arbeitet sie als freie Schriftstellerin, schrieb aber auch schon davor für Zeitschriften und Rundfunk. Sie hat nach ihrem Erstlingsroman »Das Geschlecht der Gedanken« u. a. die Langspielplatte »Brokdorf – eine Vision« (1977), den Roman »Mit meinem Mörder Zeit bin ich allein« (1981; als Fischer Taschenbuch, Band 3789 lieferbar) und verschiedene Theaterstücke veröffentlicht. Zuletzt erschien ihr Buch: »Eingegangen.« Ein Pathogramm unserer Gesellschaft nach einer Reaktorkatastrophe (1987). Über die Autorin erschien der Band: »Jutta Heinrich. Texte, Analysen, Porträts« (1985).

Jutta Heinrich

# Das Geschlecht
# der Gedanken

Roman

Fischer Taschenbuch Verlag

Die Frau in der Gesellschaft
Lektorat: Ingeborg Mues

Veröffentlicht im Fischer Taschenbuch Verlag GmbH,
Frankfurt am Main, Mai 1988

© Verlag Frauenoffensive, München 1977
Fischer Taschenbuch Verlag GmbH, Frankfurt am Main
Alle Rechte vorbehalten
Umschlaggestaltung: Susanne Berner
Gesamtherstellung: Clausen & Bosse, Leck
Printed in Germany
ISBN 3-596-24711-X

# Inhalt

# Am Anfang

In den ersten Lebensjahren gab ich meinen Eltern Namen, die sich nicht in mir verwischten und die immer mit mir mitwuchsen. Meine Mutter, eine wasserfarbene, zierliche Frau, nannte ich Ameislein, mein Vater war das Pferd.

Die Welt der Pferde und die Welt der Ameisen habe ich nie verlassen – soweit ich mich auch zurückerinnere, sind da immer nur wir drei: mein Vater, meine Mutter und ich.

Alles Denken, Vorwärtsdenken, Rückwärtsdenken ist für mich, in den Beginn zurückzuschlüpfen, aus dem ich geboren bin: ich, ein Baum ohne Wurzeln, die Zweige mit den Früchten unter der Erde.

Meine Mutter wurde mein Vater, mein Vater meine Mutter, und ich bin nicht ich.

So wie die Namen meiner Eltern in unvereinbarer Größenordnung zueinanderstanden, so war ihr gesamtes Verhältnis, und nur weil ich ängstlich und schweigsam war, passierte es mir nicht ein einziges Mal, daß ich sie mit ihren entsprechenden Namen anredete.

Sie erzählten mir, daß ich in einer Klinik zur Welt gekommen sei, was ich nicht glauben kann, denn ich bilde mir ein, noch heute unter dem Schreck zu leiden, mit dem ich in unserem blattumrankten Haus unter der Holztreppe, den Stufen zum ersten Stock, gewaltsam zur Welt gebracht wurde.

Wie alt ich war, als ich geboren werden mußte, weiß ich nicht; jedenfalls war ich schon älter, denn das Leben außerhalb des Bauches erschien mir so furchterregend, wie ich es eh und je erlebt hatte: hier und da ein beklemmender, stockdunkler Brotkasten.

Das Herz meiner Mutter war sicher nicht mehr als ein Flußbett für Tränen, und sie muß oft geschrien haben, geweint nach innen hinein über den Hals in den Bauch, denn ich kam mit großen Ohren auf die Welt und hatte ein empfindsames Gehör, wachsam und argwöhnisch, das vom Ende eines Lebens.

Von Jahr zu Jahr wurde meine Mutter vernünftiger und stiller, wußte sie doch seit meiner Geburt doppelt, warum sie zu Recht herumgeschubst und mißachtet wurde.

Irgendwann einmal – kurz bevor mein Vater nach Hause kam –, als wir beide unter der Holztreppe hockten, um ihm auszuweichen, sagte meine Mutter den Satz: »Vergiß nicht, ein nutzloses Wesen hat wiederum nur ein nutzloses Wesen geboren.«

Einen Satz in solcher Länge und Klarheit habe ich nie mehr von meiner Mutter erfahren, und da habe ich das erste Mal bewußt von meinem Geschlecht sagen hören, also von dem, was ich war, denn sonst bekam ich immer nur zu spüren, was mir zu dem Geschlecht alles fehlte, das Vater besaß.

Darum tauften mich meine Eltern auf den Namen Conni, weil er für sie eine Verbindung zwischen beiden Geschlechtern darstellte und mein Vater nicht fortwährend daran erinnert werden mußte, daß aus mir nichts wurde als ein Mädchen.

Von jenem Tage an, als ich Gewißheit erhalten hatte, wurde ich ratlos und bekam Schmerzen, denn es wollte mir nicht in den Kopf, daß ich zu nichts anderem groß werden sollte als zu einem Ameislein.

Trotz allem waren die ersten Lebensjahre noch die

erträglichsten, denn ich konnte nicht ausgefragt werden.

Allerdings impfte mich mein Vater so mit Blicken während der wortlosen Perioden, daß ich seine strengen Anweisungen, zu schweigen, zu ertragen, auf seiner Seite zu stehen, ganz und fraglos für immer begriffen hatte.

Weil ich nicht von seinem Leben lassen konnte, da mir sein Leben begehrlicher erschien, machte ich mich zur Verbündeten eines Mächtigen. Mein Vater aber duldete mich nur in besitzwütigen und sentimentalen Augenblicken, so daß ich ständig in der Erwartung seiner Zuneigung lebte und dafür meine Mutter oder die Liebe zu ihr verriet.

Und so kam es, daß ich ihr nur die wankelmütige Aufmerksamkeit einer Sklavin für eine andere Sklavin schenken konnte.

Weil ich meine Mutter verraten mußte, hatte ich beschlossen, in den Nächten mit ihr zu leiden.

# Die Nächte

Das elterliche Schlafzimmer begann direkt neben meinem Bett. Mein Holzbett, Wand an Wand mit ihrem, übertrug mir jede Regung aus dem unheimlichen Raum.

Mein Zimmer war lang und kahl, mit mehreren leeren Gestellen, prall gefüllt mit frischem Bettzeug. Ich hatte nur den Mond, der mich, sobald er am untersten Fenster aufstieg, nicht mehr losließ. Er strahlte der Reihe nach die Fensterfront ab, um dann unerbittlich mir genau gegenüber haltzumachen, mich die lange Nacht hindurch zu blenden und kalkweiß zu färben.

In meine Kissen eingegraben, Weiß gegen Weiß, wurde der Mond mein Vater, ein galliger Dunstkreis, der mein Leben trank, und so manchen Morgen fühlte ich mich als Schatten aus dem Bett steigen, sichelähnlich oder ballonartig.

Mitunter geschah es, daß mir die Augen zufielen und ich mich gegen den Schlaf wehren mußte, weil sich nebenan nichts rührte, doch dann – gleich einem Stein im Kreislauf – vernahm ich plötzlich das Herunterdrücken der Türklinke. Die Hand meiner Mutter tastete nach einem Lichtschalter, und wie im Austausch unserer Wesen übernahm ich ihre Angst, fühlte meinen Körper in einen Anfall von Furcht hinübergleiten.

Ich hörte ihre Schritte in die Mitte des Raumes hinein, das Rascheln ihres Kleides und der Unterwäsche, wenn ihre flüchtigen Hände flüchtig die Kleidung niedersinken ließen, flüchtig über den Körper strichen, sie sich in das Bett flüchtete, ihre Füße mehrmals gegeneinander rieb. Ich blieb hellwach, als hätte meine Mutter eine Warnanlage in meinen Schlaf eingebaut.

Nach Sekunden löschte sie das Licht mit einer Kordel, die über ihrem Kopf baumelte, und ich drückte mich fest an die Wand, an ihren Körper, hielt mein Zwiegespräch mit ihr, denn ich wußte, daß sie mich um Verzeihung bitten würde.

Je älter ich wurde, um so mehr verzieh ich ihr, beschloß, stark und fest zu werden, eventuell wie Vater, um ihresgleichen zu beschützen.

In den Sekunden der Stille, der ungebrochenen Verbundenheit, fühlte ich mich wachsen, aber ihr Raum übertrug mir nur Traurigkeit, so, als könnte auch mein schnellstes Wachsen sie nicht erreichen oder einholen und als vergäbe sie mich schon jetzt an andere. Sobald aber das Klirren von Flaschen zu hören war, wußte ich, daß ich auf der Hut sein mußte, und manchmal war ich dankbar, endlich den unvermeidlichen Schreck leben zu können. Dann erlitt ich nacheinander Geräusche, ein Abschlagen der Zeit bis zur Sprengung: Mein Vater ordnete Flaschen in die Bar, verschloß sorgsam die Klappe, räumte Zeitungen auf einen Papierberg, hustete gereizt, leerte den Aschenbecher, löschte das Licht, öffnete die Tür des Wohnzimmers und polterte mit Holzfüßen durch den Flur auf ihr Schlafzimmer zu; mit einem Handstreich hieb er die Klinke nieder, ließ die Tür geöffnet, um dann für endlose Zeiten im Badezimmer zu verschwinden.

Meine Ohren übertrugen mir, wie sie auf dem Operationstisch lag und wartete, während im Bad das Wasser rauschte, die Becher in der Halterung klapperten, die Zahnbürste beiseite geworfen wurde, er noch einmal seinen Hals gründlich sauber hustete; dann näherten sich Schritte dem Schlafzimmer.

Steif und reglos – den Atem verkleinert – erwartete ich ihr gräßliches Ritual.

Erst nach Jahren stellte ich fest, zu welch unerhörtem Instrument sich meine Ohren ausgewachsen hatten, gleich einem Abhörgerät, einem Seismographen, entging ihnen nicht das zarteste Geräusch, ob Fleisch gegen Fleisch, Atem an Atem, eine Heftigkeit des Augenaufschlages, Gelenke, deren Knöchel knackten, Finger, die tasteten, streichelten oder kniffen.

Dabei vermochte ich jedes unwichtige Geräusch abzutrennen, wie das Wedeln unserer Tannen vor dem Haus, das stetige Rascheln der Blattranken, Regen oder das Sammeln des Windes an der Mauerfront.

Obgleich ich nicht ein einziges Mal meine Ohren an die Wand legte, waren meine Eltern an meinen Kopf angeschlossen, geisterhaft überkamen mich Bilder, die fortwährend durch die Ohren, über den Kopf, vor die Augen fielen.

Ich weiß durch meine Ohren, daß mein Vater nackt aus dem Badezimmer kam, daß er zusammen mit dem aufblitzenden Licht im Türrahmen verharrte, die Tür mit einem Knall hinter sich zuwarf, daß er, während er auf meine Mutter blickte, sie zwang, die Schrecksekunden als Männlichkeit zu empfinden.

Nach einem Blickaustausch, bei dem sich ihre Augen zusammenlöteten, er sich gewiß sein konnte, daß sie bloß ein albernes Weib war, trat er an ihr Bett und stöberte ihren Leib auf.

Ich spürte deutlich, wie meine Mutter mit ihren Händen die Schamstellen bedeckte, ich hörte das Zittern der Hände, die so pergamenten klangen wie ihre Füße.

Nach kurzer Zeit ließ mein Vater die Bettdecke zurückfallen, kehrte meiner Mutter den Rücken zu, und während er sich vor dem Spiegel betrachtete, lachte er los, brüllte und grölte über sie, über mich, über uns beide. Sein Rücken bebte vor Genugtuung, es gab kein Haar an seinem Körper, das nicht wie ein Nadeldolch von der Haut abstand.

Er warf sich in sein Bett, riß an dem Strick der Lampe, und ich wußte, daß er sich abermals in der Dunkelheit auswuchs, sich über meine Mutter schwemmte.

Danach brach Stille ein, die Stille eines gewaltsamen Todes.

Bis etwa zu meinem achten Lebensjahr hatte ich des öfteren eine wunderbare Verbindung mit meiner Mutter.

Dann begann ein Kriechen, Schleifen, eine Bewegung aus allen Ritzen und Steinen auf mich zu. Meine Mutter antwortete, endlich, und obwohl ich das Kribbeln auf der Haut nur schwer aushielt, kratzte ich mich niemals, um nicht ihren Siegeszug über meinen Vater zu unterbrechen.

Schwärme von Ameisen zogen über unsere Betten, sammelten sich im Bett meines Vaters, besetzten seine klebrige Haut.

Mein Vater lag ahnungslos, wehrlos, die ganze Nacht hindurch, während ihm tausendfach die Haut durchlöchert wurde.

# Morgens

Jeden Morgen ragten zwei schreckliche Stunden in den Tag, bis mein Vater endlich das Haus verließ.

Ölig und schwerfällig schlichen wir in den Räumen aneinander vorbei. Wenn ich meinem Vater in der Frühe nach der Nacht begegnete, versuchte ich, ihn und seine Haut zu beschielen, doch sie war mit einem Bademantel verhüllt; er trug den Kopf turmhoch, das Gesicht mürrisch nach innen geklappt, nur die Hände konnte ich sehen, die über Kreuz in der Mitte des Bauches den Mantel verschlossen hielten.

Nie entdeckte ich Löcher in den Händen, und ich war froh, daß die nächtlichen Überfälle spurenlos blieben.

Meistens begann er zu pfeifen, wenn er mich sah, immer eine ähnliche Melodie, kalt und herausfordernd, um mir seine Gesundheit und seine ungebrochene Kraft anzuzeigen, während wir beide, Mutter und ich, verhalten und lautlos die Wände entlangglitten.

Nach dem Waschen besuchte ich meine Mutter in der Küche; oft sah ich dabei nur ihren Rücken, den blumigen Morgenmantel, auf dessen Kragen sich die klettrigen Haare ringelten. Die fallenden Schultern trugen die Müdigkeit der Nacht in den Morgen, und ich ahnte den gedemütigten Ausdruck in ihrem Gesicht.

Auch wenn sie sich nicht umdrehte und sie mich hinter sich stehen wußte, sah ich durch den Rücken, daß sie für zwei Atemlängen die Augenlider schloß und heftige Handbewegungen ausführte, um ein Einverständnis zwischen uns, das der Worte bedurft hätte, nicht aufkommen zu lassen. Manchmal überkam mich das Verlangen, dicht an sie heranzutreten, mich an sie zu klammern, sie zu küssen, doch ich unterließ es, weil ich nicht greifbar machen wollte, daß wir haltlos und unbedeutend waren.

Wir frühstückten gewöhnlich an einem runden Tisch im Wohnzimmer. Bevor er sich niederließ, die Ordnungsmäßigkeit der Frühstücksgedecke überprüfte, drehte er das Radio an, so laut in den ersten Sekunden, daß meine Mutter des öfteren den Brotkorb fallen ließ.

Sie verfolgte hilflos den trudelnden Korb, bis sich mein Vater bückte, das Brot nach oben holte, dabei auflachte wie nachts, ihr verzeihend das Unglück ihrer gesamten Person demonstrierte. Er wußte, daß ich schon saß, und achtete darauf, daß mir auch nichts entgehen konnte.

Mit zwei Fingern faßte er sie dann ans Kinn, kippte ihren Kopf nach hinten in den Nacken, sah geringschätzig in ihr verschobenes Gesicht, verabreichte ihr einen Kuß auf die Stirn und stieß sie dann, damit sie nicht noch einmal über sich stolpern müsse, an ihren Platz.

Wenn mein Vater bemerkte, daß ich zu Boden starrte, er annehmen mußte, daß ich die Zwecklosigkeit meiner Mutter und seine Güte übersehen wollte, strafte er mich mit deftigen Bemerkungen über ihr nächtliches Verhältnis.

Dabei hatte er die Angewohnheit, nach ein paar bissigen Sätzen unversehens in Witze überzugehen, in Witze, über die er sich totlachen könnte, wie er bemerkte; und wir beide, froh, daß er sich in ungefährlicher Laune befand, sahen uns in solchen Momenten zum ersten Mal voll an.

Nie wieder in meinem Leben haben mich Augen so beschämen können, es war, als ob Vater Witz um Witz ihre Augen entkleidete, bis sie ausgetrocknet und leblos hinter den Lidern versanken.

Meine Mutter beschmierte umständlich und konfus Brote und Brötchen, versuchte, an mir vorbeizublikken, um ihren Schmerz als schmerzlos ausgeben zu können.

Mein Frühstück beschränkte sich darauf, mit meiner Appetitlosigkeit zu kämpfen und mir eine wurstige Haltung aufzuerlegen. So wartete ich verstohlen auf das Knistern des Pergamentpapiers: ein untrügliches Zeichen, daß die Brote eingepackt wurden und er in den nächsten Minuten zu seiner Arbeit gehen würde.

Oft dauerte es nur so lange, wie ich die Luft anhalten konnte, dann wurde der Stuhl angehoben, und wir beide blickten auf Befehl in sein Gesicht. Meine Mutter stand ebenfalls auf und ging ihm nach bis an die Haustür. Von dort vernahm ich ein Flüstern und Hantieren, dann ein Scharren der Tür ins Freie, seine Schritte auf dem Kies, und Mutter schloß, als wüßte sie nun nicht mehr, in welche Richtung sie sich zu bewegen hatte, hinauszögernd hinter ihm die Haustür.

Von dem Moment an fühlte ich mich so in den Mittelpunkt einer Ödnis versetzt, daß ich, obwohl ich Furcht hatte, immer wieder hoffte, mein Vater möge umkehren.

# Die Tage

## I

Wenn mein Vater gegangen war und sich meine Mutter nochmals an den Frühstückstisch setzte, der Fensterplatz leer blieb, hatte ich das Empfinden, daß kein Mensch mehr im Raume war. Wir beide, unserer Freiheit beraubt, sahen uns vor ein schier unlösbares Abenteuer gestellt, und während wir still saßen, vergrößerten sich die Räume in eine unfüllbare Kahlheit.

Um meine Mutter nichts fühlen zu lassen, gab ich mich derb, spielte Vaterersatz, und sie, als sei sie selig, wieder Anlässe zu haben, unter denen sie leiden könnte, begann von ihm zu erzählen. Sie konnte nicht aufhören, von ihm zu sprechen, und mir war, als wolle sie mir vorführen, daß sie nicht nur einmal unter ihm litt, sondern erst in der Wiederholung des Leides das eigentliche Glück liege.

Je länger sie sprach, um so verschwindender wurde ihre Person, und oft glaubte ich, nur noch ihre Nacherzählungen zu haben, unendliche Sätze, die ohne jeden Gedanken immer wieder über die Zunge aus dem Mund purzelten. Oft erhob sie sich dabei, trug die Sätze von Fenster zu Fenster, stand mit leerem Blick hinter dem Glas, und ich suchte in den Blumen ihr Gesicht ab, das ganz fahrig und nervös von den Wörtern wurde.

Wenn ich es nicht mehr aushielt in ihrer Nähe, schlich ich mich leise in mein Zimmer. Dort legte ich mich flach auf den Boden, mit dem Kopf am Türschlitz, so konnte ich sie überallhin begleiten. Ich wünschte mir dabei die Ameisen auf mich gehetzt, denn es war mir unmöglich, in der Nähe meiner Mutter keinen Verrat zu begehen, und sei es den einer getäuschten Erwartung.

Sobald sie ganz allein war, begannen sich ihre Füße in die Gänge einzutrudeln, wobei ich immer an einen Bettnässer denken mußte, denn nichts konnte sie für sich behalten, jeden Gegenstand, jeden Handgriff belegte sie mit einem Wort, und den ganzen Tag über regnete es tropfenweise ihre Tagesbilder.

Wenn sie allein war, standen sämtliche Türen offen, das Mobiliar schien aufgestapelt, zum Abtransport bereit, die Gardinen flatterten in den Fensterhöhlungen, und jeder Schritt glich einer Kugel, die in ein Loch gezielt werden soll, ihr Ziel aber unzählige Male verfehlt.

Ich folgte ihr, auf dem Bauch liegend, die Ohren an die Türritze geklemmt: Stakkatoschritte den Flur entlang, in die Küche, Geschirr abstellen, Murmeln und lautes Atmen, Hände an der Schürze abwischen, Aufatmen und Murmeln, im Badezimmer die Wasserspülung, überall Wasser hinunter, Murmeln und lautes Stöhnen, Glasgegenstände ordnen, Klappern und Reden und wieder den Flur hin und her, bis ich einschlief.

Am Nachmittag döste sie aus dem Fenster hinaus, erwartete Vater, damit sie die letzten Arbeiten in Angriff nehmen konnte.

Bevor sie sich ans Fenster setzte, zog sie sich ihr anderes Hauskleid an, es war in dunklen Farben gehalten, passend zum Abend. Wenn ich mich in das Zimmer schlich, sie im abziehenden Gegenlicht sitzen sah, verwoben mit der einbrechenden Abendruhe, fand ich keine Möglichkeit, irgendein Wort an sie zu richten.

Dann verließ ich oft eilig das Haus und lief ins Dorf hinunter.

## II

Es war an einem jener schrecklichen Frühstücksmorgen, die Butterbrote lagen eingepackt und aufgestapelt neben meinem Vater, aber statt sie in die Aktentasche zu stecken, ruhte er seine Hand auf dem Papier aus, das Rascheln des Papiers raste durch meinen Körper, und ich hielt immer noch die Luft an, doch mein Vater saß, betrachtete uns nacheinander und wich nicht.

Um nicht zu ersticken und mich andererseits nicht durch zu lautes Atmen augenfällig zu machen, stieß ich einen Löffel zu Boden, bückte mich in aller Ruhe und holte unter dem Tisch tief Luft.

Ich sah gerade noch, wie mein Vater gegen das Schienbein meiner Mutter trat. Die Füße in den aufgerauhten Pantoffeln bewegten sich nicht einen Millimeter, die Knie, die Oberschenkel gaben nicht das kleinste Zeichen einer Erschütterung von sich. Während mein Vater wieder die Füße mit den Arbeitsschuhen unter den Stuhl zog, die Schuhe übereinanderlegte, rutschte ich leise an die Beine meiner Mutter, küßte vorsichtig und unhörbar die getretene Stelle. In dem Moment, da sich mein Mund auf die Wunde drückte, schrie meine Mutter entsetzlich auf, stieß beide Beine unter die Tischplatte, daß es klirrte, und kaum tauchte mein Kopf über der Tischplatte auf, bekam ich eine kräftige Ohrfeige.

Ich ließ mich der Länge nach abermals unter den Tisch fallen und betrachtete die vier Beine, die nun bewegungslos voreinander standen, trotz allem zwei Kampffronten glichen, die Aufstellung probten.

An der Haustür bekam meine Mutter wieder einen Sack voller Anweisungen für den Tag, und unter anderem hörte ich, daß mir der burschikose Aufzug, wie es mein Vater nannte, genommen werden sollte und mir durch Kleider die Zweideutigkeit meines Geschlechts zu nehmen sei.

Allein die Heimlichkeit, welche mich vom Flur her überwältigte, gab mir das Gefühl, nun wäre der Zeitpunkt gekommen, da ich verpackt werden sollte, abgerichtet und dann feilgeboten.

In der Stimme meines Vaters lagen Abscheu und Triumph, und es klang beinahe so, als handele es sich um seine letzten Anweisungen. Obwohl ich mich aus ihm verjagt fühlte, erhoffte ich mir eine neue Zuflucht, und ich ahnte hinter den Sätzen, daß Geschlecht etwas mit Macht zu tun haben müsse.

Dann ging mein Vater endlich zur Arbeit. Als meine Mutter wieder das Wohnzimmer betrat, an meiner Haltung erkennen wollte, ob ich die Sätze verstanden hatte, täuschte ich sie nicht um ihrer selbst willen, sondern ich verriet sie mit einer ungewöhnlichen Lebhaftigkeit, ohne auch nur einmal ihre Beklommenheit außer acht zu lassen. Während sie das Geschirr abräumte, ich erzählend hinter ihr herlief, sie nicht ein einziges Wort davon wahrnahm, nur nachdachte, wie ich vermutete, über meinen Preis, erfaßte mich ein unendliches Ausgestoßensein, denn auch meine Mutter schien meiner Hilfe ab jenem Morgen nicht mehr bedürftig; es setzte nun eine Zeit ein, wie ich glaubte, die ohne Rücksicht auf uns drei alles mit unabänderlicher Form und Gewalt regelte.

Mit tief vorgebeugtem Oberkörper wusch sie das Geschirr ab. Sie verrichtete ihre Arbeit mit so ungewöhnlicher Lautstärke und Heftigkeit, daß sie nicht bemerkte, wie ich aufhörte zu erzählen und in mein Zimmer ging. Ich stellte mich ans Fenster, folgte dem Wippen der alten Tannen, weinte still wie der Regen, der Löcher in die nadelbedeckte Erde trieb.

Unverhofft schrie meine Mutter laut und deutlich »Conni«, und an der Intensität, mit der sie das »i« betonte, war zu erkennen, daß sie voll Furcht und Widerwillen war. Im Flur trafen wir aufeinander, ich gab mich wieder unbedarft und arglos, denn ich wollte ihr die Sätze, die sie weiterzutragen hatte, nicht schwermachen.

Sie führte mich in ihr Schlafzimmer. Es war noch voll Nacht und hatte eine Ausstrahlung, die mich in Panik versetzte, keinen Ausgang mehr zu finden.

An die Tür gelehnt beobachtete ich die Verwandlung meiner Mutter, sie bewegte sich fremd und künstlich. Sie stand vor dem großen Spiegel, wortlos, ordnete einige Gegenstände auf dem Frisiertisch, drehte die drei Spiegel aufeinander zu. Ich sah, wie sie sich vielfach brach, ein Profil in beiden Seitenspiegeln erschien, das ich nie zuvor wahrgenommen hatte.

Sie forderte mich auf, mich neben sie zu stellen. Wir beide standen vor den Spiegeln, betrachteten unsere Gesichter, und ich empfand sie als eine Vermittlerin, die im Auftrage eines Großen handelt.

Mir war, als wäre ich genötigt, sie mit meinem Alter und mit meinem Geschlecht zu täuschen. An ihr merkte ich, daß ich gezwungen werden sollte, erwachsen zu sein, ein bestimmtes Geschlecht zu tragen, und durch ihre eifrigen Bemühungen wußte ich plötzlich, daß ich keines der Geschlechter meiner Eltern sein wollte, daß mich beide abstießen. Meine Mutter hielt immer noch das Gesicht in den Spiegel, betrachtete uns beide abwechselnd, so als wollte sie ihr Gesicht durch meines erkennen. In dem Moment klappte ich die Spiegel zu und wollte fortlaufen, aber sie richtete sich ärgerlich auf, befahl mir, während sie die Spiegel wieder öffnete, im Zimmer zu bleiben.

Angstvoll und angeekelt wartete ich an der Tür, wagte nicht hinauszulaufen. Sie schloß die Fenster in nachdenklicher, pedantischer Weise, dabei rankte sie sich an dem Fenstergriff in die Höhe, so daß sie groß und kalt erschien, eine Stattlichkeit, die ihr ermöglichte, den Bruch zwischen uns zu vollziehen.

Sie machte den Verrat perfekt, und als sie wiederum vor den Spiegel trat, ihr intimes Murmeln einsetzte, versuchte ich, sie mit den Augen meines Vaters zu sehen.

Neugierig und unberührt hörte ich ihr zu, denn ich wußte, daß sie in diesem Falle, verstreut zwischen lauter Unwichtigem, das entscheidende Unbekannte aussprechen würde.

Mir war, als würde ich jedes Wort kennen, jede Geste, die nun folgte, und in der Stimmung feindschaftlichen Abwartens holte sie aus dem Schrank ein buntes Kleid in meiner Größe und machte mir klar, daß ich in Zukunft solche Kleidungsstücke zu tragen hätte. Mit den Händen befühlte ich den Stoff, die unsinnigen Abnäher, die schlappen Falten und Rüschen, jene Hülle, die mich für immer meiner eigenen Haut berauben würde.

Ohne daß ich meine Mutter ansah oder hinhörte, wurde ich mit hineingerissen in die Schrecklichkeit, die demütige Passivität des Schlafzimmers, nächtliche Mauern, hinter denen wir beide namenlos in ein Fließbandsystem eingeschlossen sein würden.

Und nun wußte ich es: Ich war hier, um von dieser Krankheit angesteckt zu werden.

In einem Anflug von Bewegungen begann meine Mutter, an ihrem Gesicht zu ziehen, ihre Grimassen vor dem Spiegel zu kontrollieren, dabei wurde mir klar, daß jede Verzerrung nur verschönerte, was ich von jetzt an in ihrem Gesicht sehen würde.

Dann, anscheinend gezwungen von einer Art Mechanismus, der ihr eine ungerührte Zielstrebigkeit verlieh, begann sie, sich auszuziehen. Ich wandte mich ab, hinter meinem Rücken hörte ich das Knistern der Kleider und Unterwäsche, die sie mit einer Schnelligkeit abstreifte, als gelte es, jemanden aus dem Wasser zu retten. Als ich mich umdrehte, ihrer Nacktheit nicht mehr ausweichen konnte, sah ich den erniedrigten Ausdruck in den Augen, dieses Pergamentene, das sich vor den Busen warf, sah ihre weiße, durchsichtige Haut, an der nichts anderes wuchs als unzählige Merkmale von Geschlechtsteilen, Andeutungen und Öffnungen. Wohin ich auch floh an ihrem Körper, überall war da ihr Gesicht, das ich für einzig gehalten hatte.

Mit Scham, aber die Verantwortlichkeit dafür an Vater weiterleitend, gab sie mir einige Erklärungen, die sie beide für notwendig hielten, wie Vater ihr gesagt hatte.

Sie buchstabierte dabei ihren Körper ab, der mehr und mehr in einen Gegenstand überging und von nichts anderem bewohnt schien als von dem Willen Vaters.

Mich packte eine unbändige Wut, daß sie, meine Mutter, mir keine andere Möglichkeit gab, als das zu werden, was sie war, und so stahl ich mir das Herrische von Vater, um sie dafür zu strafen.

Ich stellte mich in einer so fremden und unpassenden Art neben sie, daß sie mich augenblicklich erkannte, und ich sah, wie über ihre Haut ein griesiger Schauer lief. Während sie den Mund erschreckt zusammenpreßte, trafen sich unsere Blicke, die entlang einer

Zündschnur am unteren Ende des Spiegels aufeinander zuliefen. Über ihre Schultern gebeugt, von denen ein eigenartiger Geruch ausging, der nur mein Gefühl von Besitz unterstrich, zog ich sie nochmals aus, unter ihren Augen und den Augen, die sie immer gewohnt war. Ich beobachtete haargenau, wie sie fassungslos meinen Pupillen folgte, mit mir ihr Ausgezogensein ablief.

Mich erfaßte mein Mittel der Rache so stark, daß sich mir jedes Haar aufstellte, und noch mit ihr im Blick vernäht quälte mich der Zwang, laut aufzulachen, aber statt dessen nahm ich einen Gegenstand und warf ihn in den Spiegel.

Der Spiegel zerbrach, ich riß das Kleid vom Bügel, rannte aus dem Schlafzimmer, knallte die Tür hinter mir zu.

Als sich das Tosen in meinen Ohren endlich gelegt hatte, verfolgte mich das laute Schluchzen meiner Mutter. Ich ging nicht zu ihr hinüber, weil ich zu hören glaubte, daß sie nach nichts anderem riefe als nach sich selbst.


In meinem Zimmer zog ich mich hastig aus, stellte mich vor den Spiegel, um festzustellen, daß ich ansonsten meiner Mutter aufs Haar glich, gab dann meinem Ekel nach und zog das Kleid über den Kopf.

Als ich vor der Haustür stand, empfand ich mich als zwei: zwei, die einander auf unerhört lächerliche Weise im Wege standen. Angewidert und doch gefesselt bewegte ich mich in Stakkatoschritten auf unseren Garten zu, stöckelte zur Probe zwischen den Tannen umher.

Fremdartig und vogelstelzig mich an die Baumreihen haltend, ging ich durch das Dorf. Von weitem entdeckte ich den Spielplatz, das Glitzern des Wassers in der Badeanstalt. Trotz der Entfernung erkannte ich einzelne an dem Hinundherlaufen und der Kleidung, und doch glaubte ich, die abrupte, willkürliche Entfremdung schon aus der Ferne zu empfangen, einen Abschied, den mir meine Altersgenossen und -genossinnen bereiten würden, weil ich hinübergestoßen wurde in ein Alter, in dem sie noch nicht leben mußten.

Neben dem Schwimmbecken machte ich deutlicher als sonst eine Schattenstelle aus, einen geschützten Fleck von Baumwänden umgeben, und ich stolzierte mit letzter Kraft darauf zu. Niemand unterbrach das Spiel, als ich vorbeiging, niemand sprach mich an, obwohl sie mich immer erwartet hatten, doch als ich mich endlich niederließ, brüllten einige entsetzt fliehend meinen Namen, warfen ohne Regeln den Ball hoch und runter, liefen tonlos gegen die Sonne, tiefer in den Dunst der Hitze.

Ich ordnete lange mein Kleid, das im Sitzen die Formen noch gewaltiger nachzeichnete, und mir war, als ragte mein Kopf über eine Brüstung, jeder Atemzug schien dazu bestimmt, im Mund eines anderen zu enden. Gewaltsam aufgestöbert und gekennzeichnet durch die Art meines Geschlechts hatte ich nur den einen Wunsch, kein Geschlecht zu besitzen.

Am Rande des Beckens, in der Nähe meiner Schattenstelle sammelten sich nun wieder die Dorfjungen, in einem Rudel drangen sie geschlossen auf mich zu. Sie vergaßen ihr Spiel und führten sich so auf, als hätten sie die Form der Anrede, das Sprechen vergessen, als müßten sie sich in einem angemessenen Abstand auf mich, das Neue, einüben. In einem Halbkreis ließen sich einige Jungen nieder, jeder kannte den Namen des anderen, doch niemand nannte irgendeinen. Stumm und voll Neugier betrachteten sie mich. Ich legte mich unter die Bäume, folgte dem Sonnenflirren, lauschte dem

Wind vom Wasser her, der über die Baumkronen strich, die Zweige knickte, dann rauschend über die Kornfelder eilte. Der Wind trug mir das Badegrölen herüber, ein monotones Knäuel von Geräuschen, das aber immer tiefer in eine Weite und hinter Wällen versank.

Dann schloß ich die Augen, belauschte die Jungen um mich herum. In verbissener Stille brachen sie tiefer in meinen Schattenkreis ein. Durch das Kleid stieg eine kalte Bosheit in mir auf, und ich wünschte mir plötzlich, jemand möge ertrinken. Als ich die Augen öffnete, stand ein Junge direkt an meinem Kopf, ich kannte ihn, doch wir beide taten so, als hätten wir uns vorher nie gesehen.

Er hielt Blätter in den Händen, und während er sie zerrupfte und auf mein Gesicht regnen ließ, hörte ich, wie sich die anderen Jungen erhoben, zum Becken gingen und sich ihre Stimmen mit den Geräuschen außerhalb des Schattenkreises vermischten. Ich ließ die Blattreste auf meinem Gesicht liegen und rührte mich nicht. Nach Sekunden der Ruhe, in denen er reglos an meinem Kopfende verweilte, zog ich das rechte Bein an, ließ es angewinkelt mit verrutschtem Rock schaukeln. Mich überfiel seine dumpfe Ratlosigkeit, sein unordentliches Atmen. Als ich nur einmal die Augen öffnete, mir mit der Hand schnell über das Gesicht fuhr, als hätte mich etwas gestochen, beugte er sich flink hinunter, um in meinen Blickwinkel zu fallen.

Seine Gelenke knackten, als er vorsichtig in die Hocke ging, um von mir ein Wort zu hören. Mit dem Arm schlug ich plötzlich einmal kräftig nach hinten aus, um ihn zu erschrecken. Er sprang beiseite, stellte sich aber gleich wieder zurück an meinen Kopf. Mit fest verschlossenen Augen täuschte ich Schlaf und

Langeweile vor. In Wirklichkeit aber entdeckte ich das unberührbare Geschlecht der Gedanken, und ich glaubte zu wissen, daß mir nichts mehr widerfahren könnte.

Wir beide warteten auf den Sonnenuntergang, auf die Dunkelheit, die allmählich von den Bergen herunterkam. Doch wir warteten aus ganz verschiedenen Gründen.

Ganz langsam verebbten die Badegeräusche in der schweren Luft des feuchtwarmen Abends. Der Junge stand noch immer an meinem Kopfende. Nach einer Weile vernahm ich ein Knacken, immer wieder das gleiche Knacken in regelmäßigen Abständen. Ich drehte mich wortlos auf den Bauch, sah ihm zu, wie er einen Finger nach dem anderen aus dem Gelenk riß, ihn sofort wieder zurückschnellen ließ. Manchmal wollte ein Finger nicht knallen, dann riß er so lange, bis es endlich wieder knallte. Nach etwa einer Stunde schwollen die Knöchel an, die Finger wurden dick und kurz, und ich verfolgte, wie er seinen Händen ohne Pause Schmerzen zufügte. Ich sah, daß es ihm weh tat, aber er spürte genau, daß ich ihn weggeschickt hätte, wenn er das Reißen unterlassen hätte. Manchmal, wenn er alle zehn Finger durch hatte, hielt er inne und lächelte mir hilflos zu, ich aber deutete nur auf seine Hände und ließ ihn von vorn beginnen. Je mehr die Zeit verging, um so feuchter und roter wurden Hände und Finger, und auf dem bartflaumigen Gesicht standen Schweißperlen. Durch das Schwitzen kam es vor, daß die Hand mehrmals vom Finger rutschte und er ihn auslassen wollte, dann klopfte ich mit einem Aststöckchen auf seinen Finger, und er zerrte weiter, bis es knallte.

Von den Almen stieg Nebel hoch, von weitem sah ich unser Haus, sah, wie drei Lichter aufflammten, roch von den Feldern den Geruch der aufgestellten Heugarben. Und er knallte noch immer.

Dann stand ich auf, ging ein paar Meter, ohne mich umzudrehen, zog ihn an einer Leine hinter mir her. Sprachlos, wie ein Tropf, folgte er mir, immer wieder an den Knöcheln reißend.

Vom Badebeckenrand nahm er sein Fahrrad auf, schob es mit seinen verschwollenen Händen neben mir her. Das Gras dampfte, und ich roch neben mir sein verschwitztes Hemd. Wir beide gingen auf das Heufeld zu. Im Laufen sammelte ich Steine, schlug sie gegeneinander, rannte zur Mitte des Feldes, lehnte mich an eine Puppe und baute die Steine vor mir auf.

Er ließ sein Fahrrad fallen, sackte neben mir nieder, atmete fahrig und wild, stolperte über seine tolpatschigen Versuche und Gesten, seine geröteten Hände zitterten, und er werkelte ungeschickt an dem Fahrrad herum, welches sicher und gut auf dem Boden lag. Dann arbeitete er sich aus dem Heu hoch, so als wäre er plötzlich einer Lösung nahegekommen, blieb aber erschreckt und steif stehen, schien betroffen und entsetzt über seinen eigenen Wunsch. Doch dann strafte er mich für seine Hilflosigkeit, für seine läppischen Anstrengungen, und er warf sich mit aller Kraft auf mich. Ich gab keinen Laut von mir, während er sich abmühte, seinen Unterleib zu entblößen, und an meinem Kleid zerrte. Er hatte sich schon völlig in seiner Kleidung verfangen, sprang auf, und hüpfend, als bestünde er aus Gummibeinen, entledigte er sich der Hosen. Selbst in der Dunkelheit konnte ich seine stechenden, besitzwütigen Augen ausmachen, ihn, mit dem ganzen Gehabe von Vater. Er war mit sich und seiner Gier so beschäftigt, daß er nicht merken oder ahnen konnte, welche Art von Lust sich in mir aufgetan hatte. Wütend fetzte er die Kleidung auf den Boden, humpelte – am rechten Fuß noch mit dem Schuh behaftet – wie jemand, der auf einem Seil nach Gleichgewicht sucht, vor mir auf und ab. Um seine Lächerlichkeit zu vertuschen, fing er an zu reden und kämpfte weiter mit der Tücke am Fuß. Als ich laut zu lachen begann, ließ er alles fallen, stürzte sich mit dem bekleideten Oberkörper, dem entblößten Unterkörper, dem einen Schuh nochmals auf mich. Wir beide rutschten mit der Puppe nach hinten über, versanken in dem auseinanderfallenden Heuberg. Blitzschnell machte ich mich frei, warf seine klägliche Nacktheit in den Heuhaufen, griff mehrere Steine und zielte genau auf seinen Unterkörper. Beglückt hörte ich seinen Aufschrei, wie er sich vor Schmerzen in dem stechenden Heuhaufen hin- und herwarf.

Atemlos lief ich bis an die Häusergrenze, verweilte an eine Wand gelehnt und genoß die unerhörten Wonnen.

### III

Es muß ein Sonntag gewesen sein, mitten im Sommer. Kein Laut kam aus dem elterlichen Schlafzimmer, ab und zu drang ein Schnarchen und Aufschrecken aus dem Schlaf ins Wachsein zu mir herüber.

Die Tannen vor dem Haus waren in Frühnebel gehüllt, die Sonne fraß sich sacht durch Dunstwolken, in den hochstehenden Wiesen tobten schon die Grillen, die Lerchen standen als Tonleiter in der Luft. Nach und nach erwachten Berge, sie bauten sich rings um unser Haus, umzingelten das Gewirr von Stimmen und Tönen, sperrten es in einen Käfig. In Schwärmen brachen die quirlenden Stimmen, das Flattern, Schlagen und

Kriechen in mein Zimmer ein, und zu Tausenden schlugen sich die Grillen, Vögel, Frösche und Heuschrecken an meinen Wänden tot. In Panik schloß ich die Augen, hielt mir die Ohren zu.

Vor meinen Augen wuchs eine hohe Treppe. Ratlos stand ich vor den vielen, vielen Stufen, setzte behutsam einen Fuß auf. Ich spürte durch die Sohlen, daß die Treppe warm war und mit einer Schicht überzogen, auf der man nicht zurückgleiten konnte. Die Treppe wuchs und wuchs, und ich war gezwungen, weil sich kein anderer Weg auftat, auf die Stufen zu treten, eine Steigung nach der anderen zu nehmen. Und je höher ich stieg, um so wärmer wurden die Stufen, die Aussicht verfinsterte sich zunehmend, und als ich mich umdrehte, um den Weg zurückzunehmen, erkannte ich, daß die Treppe als Erhöhung verschwunden war, direkt unter der letzten Stufe alles ohne Halt bergab lief, geölt mit einer schmierigen Flüssigkeit. So stieg ich weiter hinauf in die Dunkelheit.

Auf einmal zog mein Vater die Zunge mit einem einzigen Einsaugen nach hinten, bis in den tiefsten Halsschlund, und ich erstickte in der luftlosen Höhlung.

Jener Sonntag war besonders unerträglich, denn gleich nach dem Aufstehen verbreitete mein Vater eine überquellende Freudigkeit, die mich an einen letzten Wunsch denken ließ. In jedem Zimmer klappte er die Fenster nach außen, und ich sah ihn in dem hereinflutenden Morgen die kraftvolle Anwandlung zurückdämmen, uns beide in Fürsorge und Liebe zu ertränken.

Nachdem er meine Mutter mit Durchzug in allen Räumen hinreichend überzeugen wollte, daß es sich lohne, den Tag abrupt in Angriff zu nehmen, zerrte er sie aus dem Bett und schickte sie mit einem Klaps ins Badezimmer.

Ich zog mir die Decke über den Kopf, denn seine Freundlichkeiten zwangen mich, nach unbekannten Ängsten zu forschen.

Während er grelle bis dunkle Tonleitern im Hausflur lief und pfiff, brüllte er nach mir. In der Anweisung, daß ich mich augenblicklich anzuziehen hätte, ließ er durchblicken, daß mich eine Überraschung erwartete und ich sofort hinaus in den Garten kommen sollte. Auf der Stelle schreckte ich hoch, suchte nach meinen Sachen, warf mir hastig etwas über.

Kein Laut von meiner Mutter.

Ich suchte in der Küche nach ihr und im Wohnzimmer; endlich hörte ich im Badezimmer Wasser laufen und rief nach ihr. Sie flehte mich an: »Um Gottes willen! Geh doch, Vater ist im Garten, er hat eine Freude für dich. Lauf schon!« Ich fürchtete, daß Mutter mich allein lassen würde mit ihm und der Freude, daß sie vielleicht den ganzen Tag über im Badezimmer bliebe.

Nie mehr danach habe ich unseren Garten so riesenhaft und öde erlebt. Hinter den Bäumen, inmitten eines freien Wiesenplatzes wartete mein Vater mit einem Fahrrad in der Hand und einer Leine.

Ich drehte mich um, suchte ängstlich das Badezimmerfenster ab, Mutter öffnete einen Schlitz das Fenster, schloß es aber sogleich wieder und hängte ein Badehandtuch vor das Fensterkreuz.

Und während ich auf meinen Vater zuging, der, das Fahrrad umklammernd, in der Mitte des Rasens stand, einem Feldherrn gleich in dem tiefen friedlichen Grün, das beinahe über seinem Kopf zusammenzuwachsen schien, dachte ich zum allerersten Mal in drängender Ungeduld an meine Mutter.

Mir war, als löste sich meine Liebe von ihr und ließe mich schuldvoll, wenn auch klarer zurück.

Herausfordernd trat ich meinem Vater entgegen, wunderte mich nicht ein bißchen, als er mir von weitem das Ende der Leine zuwarf und mich an ihr in seine Nähe zog. Sekundenlang fielen wir uns gegenseitig mit den Augen an, ohne daß mich auch nur einmal Übelkeit überkam. Nie hatte ich in den Augen meines Vaters ein solches Flackern gesehen, zweimal, so als hätte sich ein Dorn unter die Lider geschoben, und dicht an seinen Körper gepreßt spürte ich seinen Haß und seine Ratlosigkeit. Ein nervöses Frösteln befiel ihn, und irritiert stieß er mich weg. Er befahl mir mit wackliger Stimme, das Fahrrad zu greifen und so weit von ihm zu gehen, wie der Strick reichte. Fünf Meter von ihm entfernt wartete ich auf seine Befehle.

Die Sonne stand auf einer Tannenspitze. Vom Badezimmerfenster tropfte die Feuchtigkeit vom Badedampf.

Wie ein um Hilfe Rufender schleuderte und schüttelte mein Vater die Leine, rief: »Steig auf, du, fahr' um mich herum, fahre endlich um mich herum!« Dabei drehte er sich in so sinnloser Wut im Kreise, daß sich seine Hände in dem Strick verhedderten.

Hochrot und in die Leine verstrickt suchte er seiner Falle zu entkommen. Völlig ungerührt fixierte ich ihn. Als er wieder begann, an der Leine zu reißen und damit zu wedeln, stieg ich auf, raste in einem solchen Zickzack um ihn herum, daß er mit offenem Mund den Strick einzuholen versuchte. Jedesmal wenn er stolperte, aber das Seil krampfhaft festhielt, wartete ich, bis er sich wieder hochgerappelt hatte, und schleifte ihn dann von neuem, genau nach seinen Anweisungen, hinter mir her. Es war ein solch wortloser Zweikampf wie unter Wasser, und obwohl mein Vater mitunter ein erfrorenes Lächeln aufsetzte, wenn er wieder stand und zum Fall bereit war, fühlten wir, daß hier etwas bis zum Ende ausgetragen werden mußte. Ein Kampf, dessen Regeln sich ändern mußten.

Entschlossen und erschöpft ließ er die Leine fallen, rannte ohne eine Bemerkung in das Haus und kehrte ausgerüstet mit einer Peitsche zurück. Ich erkannte meine Mutter im Türrahmen, die er zwang, dem Kampf zu folgen. Wieder auf dem Rasen, krempelte er sich die Hosenbeine hoch, machte eine Armbewegung, die den Beginn eines Spielchens einleiten sollte, aber wir beide wußten um den Ernst. Er zog an der Leine am Fahrrad und brüllte: »Aufsitzen!« Ich setzte mich auf den Sattel, trat in die Pedale, fuhr einen Kreis. Dann holte er die Leine ein, verringerte den Radius auf Peitschenlänge, schlug mit der Peitsche mehrere Male auf den Gepäckträger, dann – wie ein zu entschuldigendes Versehen – auf meinen Rücken. Ich gab keinen Ton von mir, erhöhte nur die Geschwindigkeit in der Stärke seiner Schläge. Er tanzte wie ein Koloß, Speichel lief ihm aus dem Mund, die Nasenflügel flatterten, und an seiner schlaffen Haltung war zu erkennen, daß er nach Schlimmerem sann. Die Zügel nicht aus der Hand lassend, schrie er nach meiner Mutter. Doch sie rührte sich nicht, und er knallte mit der Peitsche und tobte. Er war so gut wie am Ende.

Erschöpft baute er nun meine Mutter an der Leine auf. Sie torkelte in dem aufgewühlten Stückchen Erde, kleine zaghafte Trippelschrittchen, jeden Augenblick konnte sie fallen, aber ich befahl ihr, sich ganz aufzurichten. Ich feuerte sie an, ließ sie nicht aus den Augen. Und endlich straffte meine Mutter die Zügel, knallte mit der Peitsche, zerhieb um sich herum das Gras.

Sie stand inmitten einer Verwüstung, und mein Vater brach außerhalb des Kreises in sich zusammen, die Fäuste vor das Gesicht gepreßt, wimmerte er in seine Hände.

## IV

Am Rande des Dorfes, kurz vor den Bahnschranken, stand ein Haus mit so vielen Anbauten, daß es aussah wie ein Rucksack. Dort wohnte eine Familie mit sechs Kindern. Sobald sich die Gelegenheit bot, ging ich heimlich den weiten Weg bis an das Ende des Dorfes. Immer hatte ich die Sonne im Rücken, wenn ich die Anhöhe hinunter auf den Nebenstreckenbahnhof zulief. Das schwarz geteerte Dach, die vielen Schichten geflickter Dachpappe, die schäbigen Anbauhütten rundherum fraßen alle Sonne ohne auch nur die kleinste Spiegelung. In der Wärme dampfte das Dach, und gleichsam in einem Hitzesilo dünstete die Familie.

Der Mann machte sich unentwegt an dem Bahnwärterhäuschen zu schaffen, und wenn er die Hebel erneuert, den Schrankenbalken geflickt, einige Eintragungen in einer Liste vorgenommen hatte, verschwand er in der Hütte nebenan und hackte Brennholz aus schweren Kloben.

Nie erlebte ich das Haus anders als in einem Zustand wie nach einem Erdrutsch. Von oben entdeckte ich schon die leeren Teerfässer; zwei oder drei Hundehütten, Holzprügel, Farbe, Waschkessel und Werkzeuge waren über den Hof verstreut. In den leeren Fässern rauften sich die Kinder oder zogen an Seilen die Hundehütten hinter sich her.

Mitunter sah er mich ankommen. Er mochte mich

nicht. Gelangte ich an das erste Faß, warf er das Holzscheit zu Boden, und ohne sich weiter zu unterbrechen, verschluckte er Abfälliges.

Grußlos ging ich durch die Haustür, schnurstracks in die Küche.

Fast immer hockte seine Frau, rosig und stets kauend, auf der Tischkante, hielt einen Säugling im Arm, fütterte ihn mit ihrer Brust oder einer Milchflasche.

Schnurz, so nannte er seine Frau, blickte nur kurz von ihrem Busen auf, sagte langgedehnt »naaa« und steckte dem Kind wieder die Brustwarze in den Mund. Zwischen das Hacken und Plumpsen der Kloben mischte sich das Schmatzen und Ziehen des Säuglings. Stundenlang und ohne ein Gespräch saß ich auf der Bank, verfolgte jede ihrer schleppenden Bewegungen. Beinahe alle halbe Stunde kam er in die Küche, wischte sich den Schweiß von der Stirn, um ihr vorzuführen, wie schwer er für die Familie schuftete. Wenn er sich den Staub des Holzes aus der Kleidung geschlagen hatte, warf er sich neben mich auf die Bank und verlangte nach einer Flasche Bier. Während Schnurz widerwillig zum Kühlschrank ging, musterte er sie abfällig von hinten, und ich konnte sehen, daß er innerlich seinen Kopf schüttelte.

Nahm sie sich irgendwann einmal die Frechheit heraus, sich ebenfalls für Sekunden auf die Bank zu setzen, dann schubste er mit seinem Ellbogen ihre Arme vom Tisch, meckerte: »Mach dich dünne.«

Und hier begann meine Aufgabe, denn ich besuchte die Familie nicht etwa, weil ich mit einem der Kinder oder gar mit ihm befreundet war, sondern weil mich allesamt abstießen, mir sogar Schrecken einjagten, ich aber auf den Moment wartete, in dem sich die Frau meines Mitleidens bedürftig erweisen würde.

Seine Frau machte es mir nicht einfach, denn obwohl sie wie Mutter aufs Wort parierte, sich geduckt aus dem Staube machte, war in ihr eine solch hinterhältige Auflehnung, daß ich manchmal – in Erwartung ihres Widerstands – mit ihm gegen sie stichelte oder mitunter rasch im Nebenraum die Wäsche durcheinanderbrachte, den Berg Schmutzwäsche zerwühlte, das Kinderspielzeug verstreute, um sie rascher und endgültiger in ihrer sinnlosen Schinderei zu Fall zu bringen und dazu, sich ihm entgegenzustellen.

Solange er noch auf der Bank saß, schlurfte sie schweigend und gehorsam von Wand zu Wand, Ecke zu Ecke, hob auf, legte weg, glättete, wischte oder kämpfte mit den Kindern, aber beim ersten Hackschlag, dem sicheren Beweis, daß er wieder draußen war, verrichtete sie alles merklich langsamer, und jede Tätigkeit wurde von einer Schimpfworttirade begleitet.

Wenn ich sie stundenlang bestaunte, dachte ich an meine Mutter, und obwohl sie nicht die geringste Ähnlichkeit mit ihr aufwies, glaubte ich manchmal, in dem gekrümmten Rücken, der Hand auf dem Rücken beim Ausruhen während der Arbeit, den Knien, die auf dem Boden rutschten, einen leidenden Teil von ihr zu entdecken.

Eines Mittags war es dann soweit.

Sie stand vor dem Bügelbrett und bügelte seine Hemden, die er nur tragen würde, wenn er ohne sie ausging. Sie hörte mich nicht kommen, und ihr Rücken hatte jene selbstquälerische Haltung, wie ich sie von meiner Mutter her kannte.

Leise ließ ich mich auf der Bank nieder. Sie hielt mit dem Bügeln inne, ihre Hand fuhr unsinnig glättend über das Hemd, und ihre Augen tropften. Dann zerknüllte sie es, verkroch sich mit dem Hemd in eine Ecke und weinte in den Stoff.

Plötzlich wurde draußen das Hacken unterbrochen, und in dem Moment, in dem er das Beil in den Hackklotz trieb, sprang sie auf, wischte sich mit dem Hemd die Augen aus, nahm mit dem Rücken Aufstellung gegen die Tür.

Aber er kam nicht herein, stieß nur die Tür sperrangelweit auf, zog seine zwei verschmutzten Hemden aus, feuerte sie von hinten an ihre Beine, schloß danach wortlos die Tür.

Wie ein Pferd, das nach hinten ausschlägt, trampelte sie blind und verbissen in den Stoffhaufen, dann, als dächte sie an die Flecken, die ihr noch mehr Arbeit aufbürdeten, hob sie die Hemden auf, trug sie merkwürdig gelassen in einen Raum, in dem sie ihre Wäsche stapelte. Wie zur Strafe bügelte sie danach mit kurzen Armen und kleinen Bewegungen.

Zum Mittag gab es Gemüsesuppe. Ich aß nicht mit, weil ich sehr erregt war und nur auf meinen Einsatz lauerte. Die Familie saß um den Tisch, löffelte die Flüssigkeit in sich hinein. In den Augen der Frau lag eine tiefere Art von Trauer, derer ich sie nicht fähig gehalten hatte, und an dem gehemmten Auf und Ab ihres Busens war deutlich zu sehen, daß sie hinter den Augen weinte.

Ohne Ankündigung oder ein Meckern hob er plötzlich seinen vollen Löffel und ließ langsam die Suppe in den Teller zurücklaufen. Alle blickten ihn an, während seine Halsschlagader wie ein Bach anschwoll. Wieder nahm er einen Löffel voll, ließ dann die Suppe einfach aus seinen Mundwinkeln herauslaufen. Seine Frau sah ängstlich zu ihm hin, wie immer – schweigend. Durch meine Beine, die an die vielen anderen Beine gelehnt waren, spürte ich das Zittern ihrer Knie, und sie bemühte sich, einen Teil ihres Oberkörpers unter die Tischplatte zu verlagern.

Unvermittelt warf er den Löffel in die Suppe und spie ihr die Flüssigkeit mitten ins Gesicht. Sie senkte den Kopf und ließ stumm die Suppe abtropfen. Die Kinder schrien, als er aus der Küche polterte.

Ich stand auf, stellte mich vor das Fenster, um sie nicht zu beschämen, wenn sie ihr Gesicht säuberte, und schwor, sie zu rächen.

Aus dem Schuppen kam wieder das Hacken. Ich stahl mich aus der Küche in den Stall, der von gelbem Licht durchdrungen war, brütende Sonne quoll durch die Ritzen. Innen war es feuchtheiß, Körper- und Holzgeruch klebten im Raum. Er bemerkte mein Kommen nicht, ich stellte mich hinter ihn, sah ihm zu, wie er Kloben um Kloben auf dem Klotz aufbaute, um dann mit einem einzigen Hieb Teile abzuspalten. Ich drängelte mich an ihm vorbei, lehnte mich herausfordernd und unübersehbar an die Wand. Aufreizend lümmelte ich am Holz, machte ihn durch mein seltsames Gebaren unsicher. Nach einiger Zeit hielt er inne, lächelte mir unschlüssig und versonnen zu. Ich verzog keine Miene, spielte mit den Holzspreißeln der Wand. Irritiert hieb er wieder auf die Kloben ein, schlug nun des öfteren daneben, fluchte erleichtert auf, so als hätten wir uns seines Fehlers wegen verbrüdert. Unbeteiligt fuhr ich weiter an den Holzästen entlang. Wieder hielt er inne, wir taxierten einander wortlos, Schweißperlen bildeten sich auf seiner Stirn. Was denn los sei, wollte er wissen. Seine Hand umkrampfte das Beil, so daß die Knöchel sich weiß färbten. Dabei stand er so unbeholfen, als hätten sich Wände und Böden in Rolltreppen verwandelt. Ich überhörte seine Frage, spielte an meinem Hemd, an den unteren Knöpfen, schloß aufreizend die Augen und lehnte den Kopf an die Bretter. Benommen stellte er wieder einen Klotz auf, hob das Beil hoch, ohne zu schlagen, sah mich dabei an, als hätte er endlich begriffen. Regungslos stand er vor dem Hackklotz, umzingelte mit seinen Blicken meinen Körper. Sein Kopf war so gerötet, wie ich ihn durch Arbeit noch niemals gesehen hatte. Er trieb das Beil in den Klotz und wischte sich die Hände an den Hosen ab. Ganz bedächtig öffnete ich mein Hemd, fing sein ungläubiges Kopfschütteln auf, das sich über den ganzen Körper hin verteilte. Seine Füße schienen auf einer Kugel zu stehen, und immer wieder trappelte er sich an einer anderen Stelle ein. Unablässig rieb er sich die Hände an den Hosen. Ich wollte ihm Zeit lassen, damit er sich meiner Hingabe gewiß sein konnte. Als er endlich den Sprung auf mich wagte, riß ich mir das Hemd herunter, so heftig, daß es am Rücken in Fetzen hing, schrie und kreischte und stürzte, das Hemd zusammenhaltend, aus dem Schuppen. An der Haustür traf ich auf seine Frau, die sich angesichts meiner Kleidung augenblicklich ein Bild von der Situation machte.

Wütend hetzte sie zum Schuppen, und ich sah, wie sie einen langen Prügel aufhob und auf ihn zuraste. An die Tür gelehnt, genoß ich ihre Hiebe. Als er keinen Ton mehr von sich gab, ich ein Plumpsen an die Bretterwand hörte, eilte ich durch die Teertonnen die Anhöhe hinauf.

Am höchsten Punkt der Straße drehte ich mich noch einmal um, die Sonne versank, und der granitfarbene Berg lief über das Haus.

# V

In einem Frühjahr, es könnte mein vierzehntes gewesen sein, hatte ich mir angewöhnt, um nicht gestört zu werden, meine Hausaufgaben im Garten zu machen. Weit genug von unserem Haus entfernt hatte ich meinen festen Platz. Dicht an den Büschen, die mich vor der Straße schützten, lag ich auf der Decke oder arbeitete an einem kleinen Tisch.

Eines Tages fiel mir auf, daß immer zur selben Zeit ein Mädchen hinter den Büschen auftauchte. Anfangs hatte ich es nicht als Absicht empfunden, als es sich aber täglich wiederholte und sie stundenlang fast eine Mauer von Schritten um mich zog, begann ich sie zu verfolgen. Durch die Zweige hindurch begleitete ich die Kurven, die sie lief. Sie mochte fünfzehn oder auch siebzehn Jahre alt sein; wenn ich sie dicht vor mir sah, dachte ich an nichts anderes als an eine Pferdedecke.

Sobald sie die linke Kurve nahm, pflückte sie Ästchen von den Büschen, zerrieb sie in den Händen, bis es ganz winzige Stücke waren, verstreute die Reste, als wolle sie sich ihren Weg in Erinnerung bringen.

Ich versuchte mir vorzustellen, wo und unter welchen Umständen sie lebte, denn ich konnte mir nicht denken, daß sie so etwas wie ein Zuhause besaß. Ich dachte mir, daß sie vielleicht aus der Siedlung kam, die weit unterhalb der Bahn für die Arbeiter einer neuen Kugellager-Fabrik gebaut worden war.

In den darauffolgenden Tagen dachte ich viel an sie, in meiner Vorstellung verwischte sie sich mit dem Bild meiner Mutter oder dem, was von ihr verblieben war: ein Mechanismus, der in jeder Sekunde ausfallen kann, wenn er keine Stromstelle findet.

Ich haßte, liebte und bemitleidete sie gleichermaßen.

Eines Tages stellte ich mich einfach auf die Straße, sah ihr entgegen, wie sie auf mich zukam. Durch meine Bestimmtheit war augenblicklich unser Beisammensein geklärt. Dabei trug sie ein Lächeln, das den Blüten ähnelte, die nur drei Wochen weiß sind, und ich fürchtete um sie.

Wir gingen nun gemeinsam die Wege ab, und sie redete wassertropfengleich. Manchmal lief sie vor mir her, tauchte hüpfend in das hohe Gras, und ich hatte dabei nur einen Gedanken: sie so schnell wie möglich zu vernichten, solange noch etwas von ihr vorhanden wäre.

Auf einem der Wege stand eine Kapelle, umwachsen von Roggen. Sie blieb davor stehen, versank in den Anblick des Marienbildnisses. Ihr Ausdruck ähnelte dem des Bildes hinter dem Gitter, und obwohl sich ihre Hände nicht berührten, war es, als würden sie zusammenwachsen. Von ihr ging eine Freude aus, die ich bei meiner Mutter immer dann gesehen hatte, wenn sie von Vater erzählte und immer noch einmal litt.

Wir trafen uns beinahe jeden Tag, gingen die Wege oberhalb des Dorfes, und sie erzählte fortwährend von der Sehnsucht, für jemanden dazusein, gebraucht zu werden. Mich ekelte ihre Schwäche an, die sie trug, die sie verbreitete, die Widerspruchslosigkeit, der Tod in ihr.

Ich ließ sie erzählen, sagte von mir kaum etwas, denn ich ahnte, daß sie mein Schweigen als Stärke verbuchte.

Da sie fürchtete, daß ich, gestärkt durch sie, auf sie verzichten könnte, gab sie sich immer schwächer und hilfloser, so daß es mich noch mehr ekelte. In solchen Momenten, wenn sie ununterbrochen redete, ihre Stimme immer kindlicher und naiver wurde, als würde die Zunge Spitze tanzen, und sie sich an mich klammerte, begann mir zu dämmern, wie sehr mein Vater meine Mutter verachten mußte.

Auf dem Rückweg gingen wir einen Feldweg, an dessen Seiten Stacheldraht gespannt war, um die Felder zu schützen. Ich langweilte mich, schlenkerte mit den Armen und schlug mir in einem achtlosen Augenblick den Unterarm auf. Erschreckt betrachtete ich die winzige Wunde, aus der ein paar Tropfen Blut kamen.

Als hätte die Wunde sie lebendig gemacht, riß sie heftig meinen Arm an sich und bedeckte ihn von oben bis unten mit Küssen. Sie hüpfte um mich herum, und ich stand starr und ließ sie gewähren. Mir war, als überfalle mich ein Bettler, denn nachdem sie den Arm naß geküßt hatte, begann sie, die Wunde auszusaugen; die Welt um sie her existierte nicht mehr, wie in einem Anfall sank sie zu Boden, hob meinen Arm mit hinunter, küßte und beleckte die Wunde, die überhaupt nicht mehr sichtbar war. Als wir wieder nebeneinanderher gingen, glaubte ich, zum ersten Mal den Aufschlag ihrer Schuhe zu hören, zum ersten Mal hatte sie Atem und Leben. Danach sagte sie kein Wort mehr, hielt meine Hand, bis wir zu Hause anlangten, und ich spürte, daß sie mein Blut trank.

Von nun an hatte ich bei jedem Treffen eine andere Krankheit. Jeden Tag wälzte ich ein Krankheitsbuch, so daß ich alle schauerlichen Symptome bestimmter Krankheiten kannte. Unsere gegenseitige Heilung geschah nach einem ganz bestimmten Ablauf. Gleich nach dem Treffen, am Ende des Strauchwerks, griff sie nach meiner Hand, um sofort eine Unregelmäßigkeit des Pulses festzustellen. Dann schilderte ich ihr monoton und wehleidig meine einstudierten Leidensgeschichten. Sie ging neben mir her, wuchs und wuchs, während all meine Kraft in die eingebildeten Krankheiten überging.

Auf einer Bank am Waldrand setzte sie sich neben mich, nahm meinen Kopf zwischen die Hände, küßte mich auf die Stirn und versprach mir Hilfe und Heilung ein Leben lang. Ich litt, ohne zu sprechen, und sie legte den Arm um mich, wobei ich blaß und blässer wurde. Da meine Abneigung sich von Tag zu Tag steigerte, beschloß ich, den Zeitpunkt der Probe vorzuverlegen. Ich erzählte ihr von dem Preis und von der Prüfung, die sie abzulegen hätte, ehe ich mich ihr ganz anvertrauen könnte. Bis es dunkel wurde, saßen wir nebeneinander, und ich versuchte, ihr zu erklären, was ich vorhatte, und versprach ihr, wenn sie alles ausführte, wie ich es verlangte, mich ein Leben lang in ihre Obhut zu begeben. Sie aber müsse durch diesen Akt der Stärke beweisen, daß sie auch ohne mich etwas durchstehen könne. Sie versprach, all das zu tun. Durch ihre Erzählungen wußte ich, daß sie bereits mit einem Mann geschlafen hatte, daß dieses Erlebnis ihr gleichgültig und unbedeutend war.

Ich schlief die ganze Nacht nicht, und gleich am nächsten Tag fädelte ich meinen Plan ein. Gegen Mittag hatten wir uns verabredet. Sie kam pünktlich, und ich gab mich leidender als sonst, abgekämpft und apathisch. Während unseres langen Marsches redete ich auf sie ein, daß sie stark bleiben müsse. Als wir zu unserer Bank kamen, überreichte ich ihr einen Zettel, auf dem die Bedingungen notiert waren.

Sie las Treffpunkt und Forderung; ich beäugte sie dabei, hörte sie schlucken, die Lider flatterten, als trockneten ihre Augen aus. Nun fühlte ich, daß ich sie hassen würde, dennoch nahm ich mir vor, mich so genau wie möglich an meine Spielregeln zu halten. Sie stellte keine einzige Frage, und da sie den Zettel im Zeitlupentempo in die Tasche ihres Kleides steckte, nahm ich fest an, daß sie alles begriffen hatte.

Die schreckähnliche Stille, die in Verbindung mit ihr ungewohnt war, gab ihr eine unerhörte Sinnlichkeit. Ich verspürte wieder dieselbe vernichtende Erregung, und als sie dann langsam die Hand aus der Tasche zog, in Gedanken den Forderungen entgegentrauerte, berührte sie mich. Dabei löste sie sich aus einer schmerzenden Nahtstelle meiner Haut.

Ehe ich mich gegen mein Empfinden wehren konnte, drückte sie sich in mich mit so verzweifelter Besitznahme, daß die Erregung augenblicklich durch meine Gedanken abgelöst wurde. Sie legte ihr Gesicht an meinen Hals, und mir war, als zwinge sie mich, in ihren Atem überzuwechseln, und ich glaubte, eine Glocke stülpe sich über uns.

Ich ließ ihr meinen Hals wie damals meinen Arm, ihre auflösende Hingabe wurde mir unerträglich, und ich suchte mit den Augen die Almen ab, auf denen sternschnuppengleich ein Licht nach dem anderen aufflammte oder von den Bergen fiel. Wir atmeten beide kontrolliert, und ich hörte nichts anderes als unseren Atem und wünschte, er würde stillstehen. Ich verfolgte eine schwarze Wolkenschicht, die unheimlich von allen Seiten auf rauschende Bäume zurollte. Mit der Wolke füllte sich der Wind auf, aus den Ästen fielen Blätter, Blüten und Käfer, hinter den Bergen eine Leuchtschrift aus Blitzen, und ich schwelgte in der Vorstellung, unser Platz sinke einem Chaos entgegen.

Nur einmal fragte sie mich, wann es denn soweit sei. Sie sagte, daß sie vor Gewitter Angst hätte, auch sei es dann am Wasser besonders gefährlich. Sie glaubte, ich würde wohl in Anbetracht des aufkommenden Gewitters vom Plan abweichen. Mit Freude nahm ich die Steigerung ihrer Angst wahr und versuchte, mir die Situation auszumalen: die Badeanstalt von Blitzen taghell, die Felder und Wiesen ein Brodeln, Lehmfurchen aufgeweicht in Stromschnellen, und sie – nackt und schlotternd – in der Badekabine, der Junge, die Holztür aufstoßend, wie ein Donner in sie fahrend, dann – immer nur ihr Lachen, nur ihr Lachen. Und wie der Junge entsetzt von ihr lassen wird, draußen in den lehmigen Boden fällt, der Gewitterregen auf ihn prasselt, jede Stelle seiner Haut durchlöchert. Er, der die jungen Mädchen anfällt, der stundenlang durch das Dorf schleicht, die Hände in den Hosentaschen, frech grinsend, jeder Augenaufschlag Hand und Glied, Angriff und Unterwerfung, wird ausgehöhlt, mit den Sturzbächen weggespült.

Und dann werde ich sie lieben mit der ganzen Kraft meines Hasses und versuchen, Berührungen zu erlernen, die Ausdruck von Liebe sind.

Nur am unteren Ende der Alm brannte noch ein Licht, sonst war es schwarz und stickig, in den Bergen rollte im Echo das Gewitter, über ihre Ketten rasten Regenfelder, wir fühlten das Kühle der Regenfront. Dann gingen wir langsam zum Dorf zurück. Als ich mich einmal umdrehte, sah ich, daß sie stehengeblieben war. Ich fürchtete, sie könne vor dem Plan zurückschrecken, lief auf sie zu, umarmte sie und klagte über heftige Schmerzen. Sie bedeckte mich mit Küssen, ein Strudel aus Armen umfing mich, und sie schwor, alles zu tun. Hinter dem letzten Gasthaus tasteten wir uns den schmalen Weg zur Badeanstalt entlang. Das Wasser war aufgewühlt; wenn der Blitz über den See fuhr, sah ich quirlende Schaumkronen, und die Bäume schüttelten sich im Donner. Plötzlich glitt durch den Wald das Licht eines Fahrrads aufs Wasser zu. Sie kroch in mich. Wir beide wußten, es war der Junge.

Der Sturm ließ nach, und ich hörte sein Pfeifen. Kurz vor der Badekabine blieben wir stehen, beobachteten, wie er sein Fahrrad an den Baum warf.

Es schepperte, dann war es ganz dunkel. Im Finstern stolperte er auf die Badekabine zu, schloß die Tür, wieder pfiff er, spitz und ungeduldig, mit den Fäusten einen Takt an die Wand schlagend.

Schußähnlich riß sich der Wolkenbruch aus dem Wald, übergoß uns beide. Sie stand vor meinem Gesicht mit tropfenden Haaren, zitterte vor Nässe und Kühle. Ich drückte sie noch einmal an mich, da überkam mich eine Lust, als hielte ich ein scharfes Messer in Händen, mit dem ich auf einen Feind stürzte; und ich schubste sie der Kabine entgegen. Sie sprang in eine große Pfütze, ich hörte das Aufklatschen im Wasser, dann schlug die Tür hinter ihr zu.

Mich packte eine Übelkeit, die von oben bis unten durch mich hindurchging. Ich warf mich auf die Erde, legte meinen Kopf an die Kabine, vergrub mein Gesicht in dem aufgeweichten Boden. Innen blieb alles still. Nach langer Zeit hörte ich, daß sich etwas an die Wand drückte, sacht und weich, doch kein Laut, kein Lachen, nichts – sie gab kein verabredetes Zeichen, sie verriet uns beide. Mit der gräßlichen Vorstellung ihrer beiden nackten Körper sprang ich wütend auf, rannte um die Badekabine, die von allen Seiten versiegelt, verschlossen und uneinnehmbar war. Ich rief ihren Namen, der vom Tosen verschluckt wurde. Ich rüttelte und polterte an der Tür, innen schaukelte alles, ich fühlte einen Rhythmus von Bewegungen an der Wand, der mich schwindelig machte. Die Tür blieb aber verriegelt, niemand ließ mich hinein. Ich umkreiste das

Haus, flehte und bettelte. Von ihr nicht ein Laut. Erschöpft drückte ich meine Augen in die Holzritzen: nur Dunkelheit.

Plötzlich entdeckte ich im Licht eines Blitzes beide an die hintere Wand gelehnt. Ich sah seinen nackten Rücken, rund und ihr hingegeben, wie er ihre Schenkel an seinen Unterkörper preßte. Ihr Gesicht senkte sich weiß und matt nach hinten, während ihre Arme ausgekugelt über seinen Rücken fielen.

Das Gewitter ließ nach, ich wollte sie aufschrecken, warf Lehmbrocken an die Tür und polterte mit den Füßen. Keine Antwort. Nur aus der Ecke ein Hinsinken, deutlich Fleisch auf Fleisch, auf den Boden zu, in eine unendliche Tiefe.

Ich schleppte mich zum Wald, ließ dabei die Badeanstalt nicht aus den Augen. Durch meine Tränen hindurch sah ich, wie beide eingeschmolzen den Weg auf das Dorf zugingen. Niemand hatte Ausschau nach mir gehalten, und ich schwor, mir ein besseres Werkzeug zu beschaffen.


VI


Eines Abends kam ich später nach Hause, als ich durfte. Ich hatte Angst, sie könnten meine Furcht merken und mich härter bestrafen.

Aus dem Wohnzimmer schimmerte Licht. Meine Eltern sprachen nicht miteinander, an der Art ihrer Schweigsamkeit wußte ich, daß sie bereits gegessen hatten, daß beide Hände meiner Mutter neben dem Teller lagen und sie versonnen auf den Ring blickte. Sie verbreitete dabei eine so beklemmende Ruhe wie bei einem Gebet. Aber einmal folgte ich ihrem Blick, verweilte dort, wo ihre Augen festklebten. Verstört schaute sie auf, als habe ich sie bloßgelegt und würde das Entdeckte Vater mitteilen. Von da an wußte ich, daß sie die Zeit hinwegbetete, Minuten in Tatenlosigkeit von dem lastenden Abend abbrach. Ihr Blick war so flirrend, daß sie mein Lächeln, welches das Versprechen zum Schweigen ausdrückte, nicht wahrnahm.

Behutsam öffnete ich die Tür und setzte mich gleich auf meinen Platz. Die Haltung meiner Mutter ließ mich an eine Sicherheitsnadel denken, und ich begriff, daß ich sie in ihrem Wegsein unterbrochen hatte. Ungewöhnlicherweise verlor mein Vater kein Wort, und an dem Ausdruck seiner Augen, mit denen er mich an den Tisch trieb, merkte ich, daß er wiederum eine Freude bereithielt.

Mein Vater rutschte ungeduldig auf dem Stuhl hin und her, die Hufeisen scharrten. Er verlangte von meiner Mutter, daß sie mir seine Großmut und seine Schenkwut vorführte, er erwartete, daß sie von sich aus das Geschenk gebührend präsentierte. Er scharrte wieder, Güte schoß aus seinen Augen, doch meine Mutter saß immer noch sicherheitsnadelgleich, schien nicht zu begreifen, nur ihre Lippen spannten sich um den Mund, als reiche die Haut für ein Lächeln nicht aus. Ich aß schweigend, und mein Vater begann, nun doch über mich zu schimpfen, weil meine Mutter nicht erwartungsgemäß reagierte. Dann hielt er es nicht mehr aus, zwickte sie in den Arm, bedeutete ihr, rasch das Schmuckstück zu holen. Er betonte seine Aufforderung so, als habe sie sich zu schämen, als sei sie eines solch wertvollen Stückes nicht würdig. Ich wußte, daß meine Mutter keinen Schmuck mochte, und ich wußte auch, daß es mein Vater wußte.

Lüstern vor Ungeduld verfolgte er, wie sie sich mehr rückwärtsgehend dem Bücherregal näherte, in dem museumsähnlich alle Aufmerksamkeiten meines Vaters gesammelt wurden – langjährige Abdrücke seiner Hingezogenheit und Liebe. Als meine Mutter das Schmuckstück in den Händen hielt, ergriff ihn Gerührtheit über sich. Noch ehe ich es gesehen hatte, erwartete er meinen Dankbarkeitsausbruch und die Fähigkeit, ihn in gebührendem Licht zu sehen. Meine Mutter reichte mir das Schmuckstück, blieb hinter mir stehen. Ich drehte die Halskette um und um, suchte nach Nägeln auf der Innenseite, fand aber nur kunstvolle Kringel und Eingravierungen. Heftig lobte ich das Geschenk, gab es ihr zurück, die es sich unter den Hals zu halten hatte und freudig lachen mußte.

Sie setzte sich dann wieder auf ihren Stuhl, der erhöht schien, sah sich um, ob sie auch darauf Platz nehmen dürfe. Uns beiden, meiner Mutter und mir, war noch ein Grinsen in die Mundwinkel gefahren, als sich mein Vater erhob, sich hinter ihr aufbaute und ihr noch einmal das Geschmeide in den Hals drückte. Er sprach über ihre Freude und über ihr Glück, er konnte gar kein Ende finden, und meine Mutter nickte zustimmend. Dann legte sie den Schmuck schweigend wieder in das Regal zu den anderen Geschenken. Mein Vater verschwand in dem Sessel, las nicht, sondern wachte darüber, daß ihre Schritte während des Abräumens ein sichtbares Zeichen von Freude und Dankbarkeit verrieten. Nur einmal ließ meine Mutter einen Teller fallen, und ehe sie sich bückte, sagte sie, daß sie so aufgeregt, ihre Freude so überschäumend sei. Er machte eine gönnerhafte Handbewegung in Richtung ihres Mißgeschickes, begnadigte sie einfach.

Ich lief mit ihr in die Küche, half ihr beim Abwaschen und Aufräumen. Ohne ein Wort über den Vorfall, wie Gefangene beim Rundgang im Gefängnishof, erledigten wir die Arbeit. Wegen des Geschenks fühlte sie sich verpflichtet, ihren Arbeiten eine neue Spontaneität zu unterlegen, und als ich merkte, daß sie abends noch Schminke auf dem Gesicht trug, war mir klar, daß sie wußte, daß sie sich noch hinzugeben hatte. Ich bangte um sie und verfluchte jede Minute, die sich weiter in die Nacht vorschob. Die Küche war blank, meine Mutter stand am Lichtschalter, überflog noch einmal den Raum, als könne sie durch weitere Arbeiten den Ablauf des Abends verändern. Ich stand neben ihr, spürte ihr leises Seufzen, und um mich nicht in meiner Gewißheit zu belassen, löschte sie schreckschußartig das Licht. Sie ging ziemlich sicher voraus, und bevor sie die Tür zum Wohnzimmer öffnete, faßte sie sich an den Hals, um sich zu vergewissern, ob sie das Schmuckstück trage oder nicht. Dabei hatte sie es eben erst in das Regal geordnet.

An diesem Abend verlangte Vater, daß wir noch Karten spielten. Es kam nicht oft vor, doch manchmal wollte er uns zwingen, das Außergewöhnliche seines Charakters mit ihm zu feiern.

Dann wurde das kleine Tischchen herausgerollt, eine Flasche Wein geöffnet, und mein Vater begann, die Karten zu mischen, und schlug vor, daß um das Geschenk gespielt werden sollte. Wenn meine Mutter verlöre – und sie verlor immer –, fiele das Geschenk an ihn zurück. Sie war froh, so reibungslos zu einer Einigung zu kommen, und stimmte erleichtert zu. Verärgert darüber, daß sie sich so leicht von dem Geschenk lösen würde, begann er mit den ersten Sticheleien und geriet in Mißstimmung. Als meine Mutter einen anderen Preis vorschlug, bestand er aber auf seinem Vorschlag und gab ihr zu verstehen, daß sie für ein solches Goldstück ohnehin zu dämlich und dessen unwürdig sei.

Im Laufe der ersten Runde erfuhr meine Mutter ihre neuesten Nachlässigkeiten des Tages, und sie hatte zu versprechen, daß sie die eingerissenen Schlampereien beim Haushalten beseitigen werde. Sie spielte eingesunken, hielt die Karten vor den Bauch gedrückt, äugte dabei wie ein Falschspieler über den Tisch. Nach einigen Runden lag das Halsband neben meinem Vater, und meine Mutter, zum Umfallen müde, wollte es bei dem Stand des Spiels belassen. Da schnellte er hoch, tunkte ihren Kopf auf das Geschenk, und nachdem er festgestellt hatte, daß sie weinte, sich in ihrem Stuhl verkroch, schleuderte er die Kette in die Eßecke, befahl ihr, sofort den Gegenstand aufzuheben, damit sie sich wieder munter mache. Sie stand auf, ging und holte das Schmuckstück, zeigte ihm durch Blicke an, daß ich im Raume war und daß man den Streit zu unterbrechen hätte. Auflachend riß er ihr das Geholte weg und warf es wieder in die Ecke. Nun stand ich auf, drängte mich vor meine Mutter, hob die Kette auf und legte sie in das Regal. Müde verließ ich den Raum, schloß mich in dem gegenüberliegenden Zimmer ein.

Vom Wohnzimmer her: Aufstehen und Setzen, Aufstehen und Setzen, Zahlennennen, Kartenverteilen, Ausrufen und Klopfen auf den Tisch, immer wieder auf den Tisch. Nach jeder Runde schrie mein Vater: »Noch einmal, bis du gewinnst, so lange – bis du gewinnst!« Das Poltern wurde von Stunde zu Stunde heftiger, zwischendurch klang die weinerliche Stimme meiner Mutter herüber.

Als ich, schon gegen Morgen, durch einen besonderen Krach aufschreckte, hörte ich gerade noch, wie

mein Vater die letzten Karten auf den Tisch donnerte
und meine Mutter vom Stuhl kippte.

Ich vernahm die ersten Schlachtrufe des Tages, von
Hof zu Hof sprang der Hahnschrei, und die Vögel wü-
teten in der stahlfarbenen Tanne vor dem Fenster.

VII

An einem Sonntag lieferte mich mein Vater in der Klosterschule ab, die am Ausgang der nächsten Kleinstadt,
neben der Kirche, direkt hinter dem Friedhof lag.

Das Unterrichtsgebäude, die Wohntrakte der Nonnen und das Wohnhaus der Schülerinnen waren kaum
voneinander zu unterscheiden.

Schon früher hatte ich einmal den Wohnkomplex gesehen, und in meinen Gedanken und Vorstellungen ge-
hörten jene Häuser zu einem Altersheim, in dem klag-
los gestorben wird, um dann mit allem Pomp der Stille
die Baumreihe entlang auf einer Bahre dem Friedhof
übergeben zu werden.

Wenn es blühte, die Luft heiter war, dachte ich mitunter daran, daß sich endlich eine Behörde einschalten
müsse, daß man die Häuser zu untersuchen habe, denn
das Sterben fraß sich außerhalb der Häuser weiter fort,
gleich einer Epidemie über die Straße hinweg in den
Baumbestand.

Ich folgte meinem Vater durch die beschnittenen Büsche über den Innenhof bis zur schweren Pforte. Ich
sah kein einziges geöffnetes Fenster, obwohl es ziemlich mild, beinahe schwül war; die Sonne spiegelte sich
hellrot in der Fensterfront, und die angelegten Blumen-
ecken, mit kleinen Steinen und Wegen umrandet, waren ohne Farbe und Duft.

Über dem Eingangsportal hing ein gewaltiges Kruzi-fix, und ich hatte das Gefühl, lichtstrahlähnlich ginge von ihm eine Welle aus, die Leben in Lähmung um-setzte. Mein Vater zog an der Glocke, die innen durch die Säle gellte, das Portal öffnete sich automatisch, und wir traten in die Vorhalle, die nur aus Fliesen, Heiligen-bildern und Schweigen bestand.

Ich wartete dicht an der Seite meines Vaters, den Koffer mit meiner Zöglingskleidung neben mir.

Mein Vater hörte drei Nonnen die Treppen herab-schreiten und überflog mich noch einmal mit einem kontrollierenden Blick, ob auch mein Aufzug der Wür-digkeit entsprach, die uns seit Betreten der Halle zu Fremden gemacht hatte. Auf dem letzten Treppenab-satz standen nun die Nonnen, die Hände in die langen Ärmel gesteckt, mit ein und demselben Gesicht, weiß umrandet, geduldig lächelnd. Während er eine lange Rede hielt, deren Mittelpunkt ich war, legten sich die drei Köpfe schräg, und über die ganze Zeit hin glaubte ich, daß mein Charakter bloßgelegt und erkannt wurde, daß man mir aber verzieh.

Überall an den Wänden hingen Bilder der Päpste, und ich, so in die Enge getrieben, empfand Genugtu-ung darüber, daß die Nonnen ihnen ein Leben lang die-nen mußten.

Als sich endlich die drei Köpfe in die andere Rich-tung legten, die Lippen sprachen, kam eine, die ärm-licher gekleidet war als die anderen und bis auf die Zähne lächelte, nahm mir den Koffer ab und führte mich in das Internatshaus. Vater sah mir lange nach, seine Schuhe knirschten auf dem Kies, in dem Laubengang blieb er noch einmal stehen, es war ein unschlüssiges Scharren, doch ich drehte mich nicht mehr nach ihm um, dann schnappte die Gartentür ins Schloß.

Ich hatte meine Kammer mit vier anderen Mädchen zu teilen, die noch nicht von dem Wochenendausflug zurückgekehrt waren. Die Nonne, ganz in ihre graue Kutte gebückt, lief emsig, doch angemessen und verhalten, schlug mein Bett auf, probierte das Licht aus, legte die Bibel zurecht und sagte im Hinausgehen, daß dieser Sonntag ein Schweigetag sei. In Verbindung mit den Räumen ging von dem Wort Schweigetag eine Faszination aus, und ich beschloß, nichts anderes zu tun, als der Tiefe dieser Faszination näherzukommen. Ich lag auf dem Bett, die Arme unter dem Kopf, und sandte meine Ohren aus, die sich in der todähnlichen Ruhe verloren.

Zwei Stunden wanderte ich das düstere Zimmer ab, seine majestätische Kargheit, seine in sich gekehrte Sinnlichkeit.

Ab und zu schlug die Uhr der Kirche, und manchmal war es auch, als flüstere jemand den Kiesweg entlang, verfange sich in dem Laubengang.

Dann läutete zum ersten Mal die Klosterglocke, die, einem magischen Auge gleich, sämtliche Winkel aufstöberte. Die Wände übertrugen mir ein Getrappel, das sich durch die Gänge ausbreitete, bis es sich im Innenhof sammelte. Grüppchen murmelten, lispelten und knirschten, verteilten sich über die Buschheckenwege in eine andere Stille. Eingeschlossen von ihrem Gesang, der sich in das Geläut mischte, schlief ich ein.

Wir alle unterlagen einem Tagesablauf, der genauestens in Minuten aufgeteilt war, und im großen und ganzen unterschieden sich die Tage durch Schweige- und Sprechtage.

Ich verstand es, mich so zu benehmen, daß man mich in Ruhe ließ, und durch Vortäuschung besonderer Frömmigkeit wirkte ich so grau in grau, daß ich von den Wänden kaum zu unterscheiden war. Die Mädchen mochte ich nicht, ihr Plappern und ihre lebhafte Arglosigkeit stießen mich ab. In den Pausen stürzten die Klassen in den Hof, zermalmten die Ruhe, kicherten, aßen und drückten sich in die Büsche.

Ich schlich mich währenddessen leise in die verlassenen Gänge zurück, zog mir die Schuhe aus, durchquerte gedanklich die Säle. Hinter der Tür versteckt belauschte ich die Nonnen, die in der Mitte der Halle aufeinandertrafen, schwarz, wippend und miteinander tuschelnd. Ich lauschte dem Rauschen ihrer Roben, dem Falten der Hände um das Handgelenk. Die Lehrbücher an die busenlose Brust gedrückt, waren sie einer Kraft hingegeben, die mich rasend und verlangend machte. Wenn sie auseinanderglitten, die Hände das Kruzifix suchten an dem Gürtel um die Taille, eine nach der anderen die Finger in das Weihwasserbecken tippte, das Zeichen der Ergebenheit sich auf die Stirn tupfte, eingesunken die Treppen nach oben nahm, legte ich mich auf den Boden, zitterte unter der Vibration ihrer Schritte über mir. Wenn ich die Augen geschlossen hielt, die Schläge meines Herzens überhörte, drang ich in ihre Welt ein, das Reich der Reinheit, und meine Neugier, weltlich und körperlich, machte aus Dienerinnen Verräterinnen und Geschwätzige. Ich hütete mich davor, daß jemand mein Geheimnis in Erfahrung bringen konnte, und kein Mensch merkte, wie lustvoll ich an ihrer Demut teilnahm.

Abends – kurz bevor wir zu Bett gingen – stahl ich mich noch einmal aus dem Zimmer, huschte auf Zehenspitzen über den Kiesweg in die Säle, wartete darauf, daß mit dem Eindringen der Düsternis ein Eigenleben der Nonnen ablaufen würde. Das war immer die Zeit vor dem letzten Gebet in der Kirche, und ich mußte achtgeben, daß ich nicht erwischt wurde. Unhörbar drang ich in ihre Räume, setzte mich an das Ende des Betsaales, legte meinen Kopf in die Hände, entweihte ihre Abgeschiedenheit. Aus den Räumen wehte ein Geruch von Chemikalien, Kreide und Weihwasser, von der Küche im Keller war zu hören, wie Töpfe ineinandergestülpt wurden, stimmenlos, nur Blech, Lappen und Wasser, dann wurde das Licht gelöscht, und der letzte Lichtstrahl fiel auf den Boden. Auch im ersten und zweiten Stock wurde es finster, und ich war mit den Nonnen verwoben, eins mit ihrer Dunkelheit. Ich atmete ihren Frieden, ihre Ausgewogenheit, und durch die Wände hindurch spürte ich ihre Knie auf dem Boden, das Ineinanderflechten der Hände, den Hauch an das Kreuz. Ich hörte, wie sich das Lid endlich und für lange über die Rundung des Auges schob, zuwuchs, und wie das Auge hinüberglitt. Und ich folgte ihnen nach in ihre Dämmerung, lüstern und spottend.

In einer Pause entdeckte ich ein Mädchen, das abseits stand und das ich in den vergangenen vier Monaten noch nicht gesehen hatte. Sie blieb in der Nähe des Laubengangs, aß ein Brot und umwanderte in Gedanken versunken das Blumenbeet.

Sie war blaß und pickelig, und von ihr ging eine Verlassenheit aus, die meinen Neid weckte. Ich dachte an eine Ausgestoßene, die sich selbst immer weiter verstößt. Sie gab sich fromm und demütig, ohne daß ich an ihr jene Reinheit entdecken konnte, wie ich sie in den Nächten ablauschte.

Am Abend wurde sie uns vorgestellt. Sie kam aus einer nahegelegenen Kleinstadt; man sagte uns, daß sie ebenfalls dem Internat beitrete, aber an den Wochenenden nach Hause fahre. An einem langen Tisch nahmen wir gemeinsam das Abendbrot ein. Marga, so hieß sie, saß mir am Ende des Tisches gegenüber. Während der Vorstellung stand sie auf, blickte ungezwungen die beiden Reihen ab, stimmte allem zu, auch als die Oberin erwähnte, daß sie Nonnenanwärterin sei. Bei diesem Satz bog sie den Kopf nach unten, und ich entdeckte an ihr eine undemütige Scham, die allen anderen verborgen blieb. Marga hielt während des Essens die Augen auf den Teller gesenkt, und ich bemerkte, daß sie ihr Essen kontrollierte, wobei ihre Glieder wie verrenkt schienen.

Sie war zwei Klassen über mir, und ich wußte, daß ich sie deshalb nur an den Abenden sehen würde. Ich beschloß, sie nicht mehr aus den Augen zu lassen.

Nach dem Essen beteten wir, und ich äugte dabei zu ihrem Platz. Marga stand in ihre Hände gefaltet, ihre Lippen bewegten sich ununterbrochen, die Gedanken waren aber weiter, ganz woanders, und ich glaubte zu erkennen, wie sie ihren Körper immer wieder in die Worte zwingen mußte. Ihr Zimmer lag im unteren Stock; gemeinsam gingen wir ins Wohnhaus zum Schlafen, riefen uns eine Gute Nacht zu, dabei spähte Marga über die Straße, suchte das Leben, und ich fühlte, wie schwer sie Abschied nahm, mit welchem Widerwillen sie der Klausur zuging.

Im Bett lag ich lange wach, und alle Neugier, die ich bislang empfand, schien in Marga Höhepunkt und Erfüllung zu finden.

In der ersten Nacht darauf träumte ich von ihr, daß sie unter die Nonnen gemischt bodennah betete, schwarz in schwarz. Auf dem Wege der Vertiefung, dem Eintritt nahe, streiften ihre Hände die Kleider ab, bis sie nackt war, ihr Körper verfiel einer Lust, die er nicht dämmen konnte, er wälzte sich auf dem Boden, wehrte sich unter dem Zwang, während ihr anderes Selbst laut und lauter betete.

Die Nonnen übergossen sie mit Wasser, und sie schlüpfte weinend und betend in ihre Kutte zurück, rutschte auf Knien über den Friedhof bis in ihre Kammer.

Am nächsten Tag sah ich sie wieder, in der Nähe des Blumenbeetes, ganz allein, im Kampf mit sich selbst, und ich kannte jede Pore ihres Körpers. Ich näherte mich ihr, sie erregte mich, als sei sie die Überbringerin einer Lust zwischen zwei Welten, die mich furchtsam und unmäßig machte.

Kurz vor Pausenende fuhr der Postbote über den Hof, ein junger Mann, den wir anderen längst kannten. Ich stand ihr ganz nahe und bemerkte zu meiner Freude, wie sie erschrak, denn zum ersten Mal bedrückte sie meine Gegenwart.

Auf ihr Gesicht rieselte eine Röte, über die Haut strich ein Wind, und eine Gänsehaut bildete sich auf den bloßen Oberarmen. Sie verabscheute mich, meinen Blick und mein Teilhaben. Am Nachmittag kniete sie in der Kapelle, den Kopf auf den Betstuhl gesenkt, und überglücklich ahnte ich, daß ihr Körper bald am Ende wäre.

Während sie betete, hockte ich mich hinter sie und liebte ihren Rücken, ihren Haaransatz, ihren Hals, und sie hörte nicht auf, nach Erlösung zu flehen.

Am Abend trafen sich unsere Blicke, und verstört gab sie sich mir, ihrer Mitwisserin, geschlagen. Sie aß wenig und aufgeregt, stotterte, und ich glaubte fest, daß sie durch ihre dauernd wechselnden Unberechenbarkeiten ihre Spur verwischen wollte, daß sie insbesondere mich von der Fährte abzubringen versuchte. Marga verließ als erste den Eßraum, so konfus, daß sie, schon weit draußen, über das Versehen stolperte, sich nicht bekreuzigt zu haben, hastig sprang sie zurück, tauchte die Finger in das Becken und bekreuzigte sich, doch überall auf dem Rücken zeichneten sich ihre angsterfüllten Augen ab und der Wunsch, ihre Verfolgerinnen loszuwerden.

Nach der letzten Mahlzeit saßen wir immer besonders lange schweigend um den Tisch, wir taten, als ergäben wir uns der Andacht und der Besonnenheit, die mit Einbruch des Abends in uns zu fallen hatte. Wir hielten die Gesichter nach innen gekehrt und gaben uns überwältigt. Obwohl ich nie die Augen hob, in Haltung und Konzentriertheit einer Gnade am nähesten, war ich angefüllt mit ihrem verbotenen Geflüster und Flehen, meine Ohren drangen wie Stachel in ihr Innerstes ein, und ich war selig, eine Mitwisserin aller zu sein. Margas Stuhl blieb leer, und ich bemühte mich, durch noch auffälligere Frömmigkeit die Lücke zu schließen.

Es war ein milder Herbstabend, hinter der Schicht der Klosterstille lag die Stadt mit ihren Kinos und Lokalen, und die Mädchen trotteten zögernd ihren Schlafsälen zu. Ich aber hoffte voll Spannung auf die Nacht, und ich ahnte ein unvergleichliches Schauspiel, den anderen verborgen, nur für mich allein sichtbar.

Im Schlaftrakt verbarg ich mich hinter der Tür, zählte die Schülerinnen, Marga war noch immer nicht darunter. Dann klappten die letzten Stühle, Schritte verebbten, die Mädchen plumpsten in ihre Betten, die Tür wurde aufgerissen, und Marga stand im Rahmen.

Im Flur war es dunkel, und sie tastete sich bis an das Treppengeländer vor. Ich rührte mich nicht, verfolgte sie mit angehaltenem Atem.

Als sie mit der Hand endlich am Geländer angelangt war, dort verharrte, atmete sie nachholend und erschöpft, dünkte sich in Sicherheit. Ich aber ahnte, daß sie einen stechenden Schmerz in der Brust spürte, wie von einem Nagel.

Schleppend zog sie sich hinter ihrer Hand nach oben, verfluchte ihren Körper, den ich roch.

Ich lag in meinem Bett mit aufgerissenen Augen, verfolgte jedes winzige Geräusch im Flur. Auf einmal hörte ich das unterbrochene Quietschen der Haustür und einen Schritt auf dem Steinfußboden, nur einen Schritt, der durch den Schreck über das Quietschen achtlos gesetzt worden war. Danach war es stiller als zuvor, und ich bangte, sie für immer in der Finsternis verloren zu haben.

Kurz darauf verließ ich das Zimmer. Von mir konnte niemand auch nur das leiseste Quietschen und das Aufsetzen meiner Schuhe hören, obwohl mir die Erregung bleiern in den Gliedern saß.

Die Dunkelheit war ganz verschlossen und fast windlos, bloß in den Spitzen der Bäume regte sich ein leichter Wind, und ab und zu fiel eine Kastanie zu Boden.

Nirgends brannte ein Licht, nur aus den Kirchenfenstern nebeliges Leuchten, es erhellte nur die Fenster wie Augen, die in sich selbst sehen.

Ich huschte auf den Friedhof zu den großen Bäumen, denn ich war sicher, daß sie sich hinter der Baummauer verkrochen hatte. Nicht weit von mir entfernt machte ich zwei schattenhafte Gestalten aus, die reglos aneinandergestützt allmählich ihre eigenen Umrisse verloren. Sie gaben kein Zeichen von Leben von sich, und es schien, als hätte sie die Nacht überfallen und augenblicklich getötet, als müßten sie niedersinken und randlos mit der Erde verschmelzen.

Ich duckte mich hinter den nächsten Baum, suchte

mit Augen und Ohren wieder die beiden, erkannte Marga ganz deutlich, ihre beiden Zöpfe auf dem Rükken, ihre Internatsbluse, ihre Beine in seine gedrückt, sah das Fliegen ihres Rückens. Ich vernahm ein Flüstern, gleichmäßig, das sich ablöste, durch Zungen abgefangen wurde und im Munde endete. Dann strich er endlose Male über ihr Haar, es knisterte, und sie schmolz fester an seinen Mund und Körper.

Ich haßte Marga so stark, daß ich in der Lage gewesen wäre, dieselben Bewegungen nachzuvollziehen, sie mit meiner haßerfüllten Begierde rasend machen wollte. Marga löste sich von ihm, nun konnte ich einwandfrei den jungen Postboten ausmachen, der hilflos den Arm nach ihr streckte, während sie den Rock und die Bluse auszog. Wieder sah ich ihren nackten Körper, der Geruch der beiden, der bis zu mir herüberzog, widerte mich an. Er stand immer noch starr, während sie ihre Nacktheit vorführte. Sie fuhr mit den Händen über die nackten Flächen ihrer Haut, ich hörte, wie ihre Haut antwortete, sich ihre Augen in den Zweigen verfingen, wie sie auf ihn zufiel, in seinen Mund ein Stöhnen senkte. Ihre Leidenschaft schien ihn zu erschrekken, willenlos ließ er sich tiefer in sie ziehen. Er küßte ziellos ihre Haut ab, als hätte er kein anderes Mittel, sie zu befriedigen. Marga wälzte sich herum, drückte seinen Kopf immer wieder zwischen ihre Beine. Entsetzt richtete er sich auf, bestaunte ihre Bloßheit und machte den Eindruck, als wolle er flüchten. Aber dann, von ihr und sich selbst genötigt, zog er seine Kleidung aus und beugte sich über sie. Ich war ganz angefüllt von ihrem Stöhnen, ihren beiden Körpern, Fleisch in Fleisch, Mund in Mund, einatmig.

Als beide stumm lagen, dann sich über sie ein Flüstern ausbreitete, eilte ich aus den Bäumen zum Haus und legte mich in Margas Bett. Die anderen im Zimmer schliefen fest, wie ohnmächtig, mit einer Kindlichkeit, die mich schläfrig machte. Doch dann, als ich mich unter Margas Bettdecke wiederfand, bildete ich mir ein, ihren Körper zu fühlen, und ich konnte die Sekunde kaum noch erwarten, in der ich sie quälen würde. Heimlich und verbissen bemächtigte ich mich ihres Bettes, ihres Geruches, ihres Atems, und ich begann, mich in ihr Leben zu versenken, dessen Schein ich töten wollte.

Nicht lange danach tasteten sich Margas Füße auf dem Boden vor, und ich sah, wie sie erleichtert die Arme sinken ließ, nachdem sie von innen die Tür des Zimmers verschlossen hatte. Unerhört flink und leise verbreitete sie die Kleidung über einem Stuhl, baute die Schuhe vor dem Bett auf. Ich hatte mir die Decke bis zu den Augen hochgezogen, damit sie mich nicht vorher entdeckte.

Trotz der Dunkelheit erledigte Marga die wenigen Handgriffe mit solcher Aufmerksamkeit und Hinwendung, als wollte sie die Zeit, um deretwegen sie jetzt ein schlechtes Gewissen hatte, nacharbeiten, in der Hoffnung, der Kreis der Gewohnheiten schlösse sich lückenlos.

Bevor sie sich hinlegte, kniete sie sich plötzlich nieder und begann, den Kopf auf die Tapete gerichtet, inständig und verzweifelt zu beten, sie verdeckte mit den Händen ihr Gesicht, und ihr Atem hatte den Geruch von Tränen.

Ich dachte nur an das Flüstern von vorhin und hätte ihr gern gesagt, daß ich allein in ihrer veränderten Haltung keinen Unterschied ausmachen konnte.

Dann glitt sie wasserstrahlähnlich neben mir ins Bett. Als sie zusammenfuhr, aus dem Bett hochfahren wollte, drückte ich sie hinunter, hielt ihr mit der Hand den Mund zu und flüsterte ihr ins Ohr, daß ich alles wisse, daß sie die Wahl habe, sofort von der Klosterschule abzugehen oder meine Anweisungen zu befolgen. Sie lag steif, nur das Herz hämmerte, und es schien, als hätte der Schreck ihre Sprache verschluckt. Ohne sich zu wehren, überließ sie mir ihre Hand, mit der ich ekelerregt über meinen Körper fuhr.

Ich spürte, daß Marga die Zähne aufeinanderbiß, hörte ihr Knirschen, merkte, wie sich ihre Hand sekundenlang sperrte, als sie meine Haut berührte, dann aber doch willig und meinen Weisungen getreu, über mich strich.

Später, als ich sie wiederholen ließ, was sie ihm gesagt hatte, ich ihre Tränen an meinem Gesicht entlanglaufen ließ, Marga leise und haspelnd die Sätze sprach, mit Übelkeit gegen mich kämpfte, glaubte ich, sie zu lieben.

Ich sagte ihr das, und sie begann laut zu schluchzen, und ihre Unterlippe zitterte, dabei preßte sie sich an mich, als sei meine Übermacht nur zu ertragen, wenn sie in mir verschwände.

Mit einem unerhört beglückenden Gefühl des Sieges tastete ich mich in mein Zimmer hinauf; ich säuberte meinen Körper mit einem nassen Lappen und spülte meinen schlechten Geschmack aus dem Mund.

Am nächsten Tag war Marga krank.

Schon am Nachmittag radelte der Postjunge sehnsuchtsvoll um die Gebäude. Vom Hof aus blickte ich ihm nach, war selig, daß Marga durch die Bettlägrigkeit mir noch mehr ausgeliefert war. Sie lag oben, und ich brauchte nur einzutreten. Mochte sie nur beten, alles würde sich wiederholen.

Am Nachmittag ging ich in ihr Zimmer, die Vorhänge waren zugezogen. Marga besah mich nur mit den Augen, spurenlos, als wäre kein Ausdruck fähig, die Erschütterung meines Anblicks zu übertragen. Eine übernatürliche, verzehrende Abgeschiedenheit umgab uns, und ich erlebte endlich das Gefühl, den Schlafraum einer Nonne zu betreten, die mich zwar abwehrend, doch verlangend erwartete. Ich setzte mich auf ihre Bettkante, verfolgte uns in dem gegenüberhängenden Spiegel. Marga wand sich unter unserem Anblick, unter dem Schreck, wie er sich zwischen tief Liebenden oder Hassenden ausbreitet. Ich erzählte Marga wieder von der Nacht, alles, was ich gesehen und gehört hatte; sie drückte die Augen zu und hielt sich die Hände an die Ohren, doch sie verstand jedes Wort.

Ich erzählte ihr, daß der Postbote stundenlang um die Häuser gekreist sei, ich schilderte genauestens, was er trug, wie angespannt und voller Sehnsucht seine Suche gewesen sei. Marga nahm die Hände von den Ohren, und im Spiegel zeigte sich ihre fieberhafte, lähmende Unruhe.

Selbstvergessen glitt ihre Hand nach unten, und ich griff fest zu, drückte meine Hand in ihre Angstfeuchtigkeit. Ich zwang sie, das Schauspiel zu wiederholen, warf ihre Bettdecke auf den Boden, befahl ihr, sich auszuziehen. Ihr ganzer Körper zitterte und flog, und ich fand ihn erhebend lächerlich. Ich sagte ihr, sie könne sich von oben bis unten mit Schwarz behängen, dennoch bliebe alles nackt und widerlich, sie bestünde nur aus Fallgruben und könnte nichts anderem dienen als ihren Öffnungen.

Sie gab keinen Laut von sich, schien zu leiden, und ich schwelgte in dem Gefühl ihres Ausgeliefertseins. Ich wollte nicht, daß sie mich berührte, und ich führte ihre Hand über ihre Haut, bis sie allein ihre Rundungen abstrich. Nur im Spiegel traf ich auf sie, das Nackte, vergewaltigt durch sich, die Sprachlosigkeit gewandelt in unstillbare Lust. Sie sprach im Flüsterton wie in jener Nacht, benutzte ihre Hand als Werkzeug, und manchmal schien es, als ringe die eine Hand gegen die andere, dann vergaß sie uns.

Nun endlich konnte ich sie hassen, haßte ihre Sexualität und alles, was sie für mich beinhaltete. Und in der Sekunde, als mich Marga vergaß, kehrte ich in mich zurück, abgestoßen und kalt kostete ich die Erregung aus, nichts zu empfinden. Unvermittelt trat ich wortlos vor den Spiegel, ordnete die Bürsten und Kämme und tat, als hätte ich ihre Anwesenheit vergessen.

Marga hob ihr Gesicht krampfhaft zur Spiegelmitte, suchte mich, wobei sich ihr Gesicht angestrengt rötete, und während sie um Hilfe bat, öffnete ich die Tür und drehte mich nach draußen. Auf der ersten Treppe hinunter vernahm ich einen Kreischton, mit dem sie meinen Namen rief, als hätte sie erst eben begriffen, wer bei ihr gewesen war.

Am nächsten Morgen bat ich um eine Unterredung im Konferenzzimmer und bestand darauf, meine Aussage nur vor der versammelten Lehrerschaft machen zu können.

An beiden Seiten des Tisches saßen die Nonnen, ihre Blicke ermunterten mich gütevoll, denn ich hatte mich immer höchst vorbildlich benommen. Vorschriftsmäßig bekreuzigte ich mich mit Weihwasser und begann mit äußerster Ruhe und Gelassenheit meinen Verrat.

Haargenau nannte ich Vor- und Nachnamen, Tag und Stunde, ließ nicht das allerkleinste Detail aus. Es war eine ungeheure Operation, welche die Schwestern ohne Betäubung traf.

Als dann die Beschreibung der beiden unter dem Baum folgte, war nicht ein einziges Gesicht mehr zu sehen, nur die Finger flatterten oder verhakten sich in Gebetsstellung, glitten am Schluß unter den Tisch, und die Köpfe hingen ohne Verbindung mit den Rücken.

Geschlossen bedankten sie sich bei mir.

Später fuhr ein Auto vor, in das Margas Sachen verstaut wurden. Niemand ließ sich blicken, sämtliche Türen und Portale waren verriegelt, als zwei Männer Marga stützend in den Wagen bugsierten.

Im Aufenthaltsraum empfing mich Vogelschwarmgeschnatter, alles ging drunter und drüber, und den ganzen Tag war nicht eine einzige Nonne zu sehen oder zu hören.

Ich floh, legte mich draußen auf den Fußboden und belauschte die Nonnen, ihre flatternde Aufgeregtheit, hörte, wie sie vor dem Kruzifix auf- und abrutschten, ihm verlangend dienten, den Kopf tief unter das Kreuz gebogen, in der Furcht, die andere zu erkennen in dem, der festgenagelt war.

# Später

## I

Um achtzehn Uhr kam ich in der Stadt an. Da ich viel Zeit hatte, nahm ich mir vor, den Ort auf seine Außenbezirke hin zu untersuchen.

Es war brütend heiß, einige Reisende lehnten erschöpft an den Wänden, räkelten sich auf den Bänken. Kein Wort wurde gesprochen, und sie machten den Eindruck, als wüßten sie schon, daß jeder weitere Meter Schienenstrang mit Kies, Gestein und Abfall zugeschüttet war.

Vom ersten Schritt an, weg vom Zug in die Bahnhofshalle hinein, spürte ich, in die gleiche Falle geraten zu sein. Eine unheimliche Ahnung von Qual und Verlassenheit überkam mich.

Ich trödelte lange auf den Bahnhofstreppen, eingesackt in Schwüle, suchte die Umrisse der Kleinstadt. Die Stadt sonderte aber nur Dämpfe ab, und in der Luft standen Schwaden einer Masse wie Mehl. Zögernd nahm ich die erstbeste Richtung, eine schmale geteerte Straße, die neben einer Front von unübersehbaren Fabrikmauern verlief. Hinter den Mauern lagerte eine künstliche, gepflanzte Ruhe.

Am Ende des Fabrikgeländes angelangt, traf mich die Sonne mit ganzer Wucht. Mir wurde schwindelig, und an die Mauer gestützt lockerte ich meine Kleidung. Die Stadt verriet sich nur durch das Quietschen vom Rangieren auf einem Verladebahnhof. Puffer stießen aufeinander, Güterwagen verkeilten sich.

Rechts von mir türmte sich ein hoher Berg aus Kies. Auf der einen Seite verliefen Fahrspuren von Lastwagen. In der Rille lief ich den Berg hoch, versuchte von oben aus, die Stadt zu sehen. Der Sand brannte sich in meine Füße. Links erstreckte sich ein Kornfeld in der Größe eines Schrebergartens, der Wind hedderte in dem winzigen Feld, malte helle Flächen in das niedersinkende Getreide. Das Korn und die Stadt waren Todfeinde, die sich mehr und mehr vergaßen.

Von der Höhe erkannte ich Häuser und Straßen, plattes Grau mit Laufgräben erhob sich aus einem Kessel, hellgrau bemoost, mit Staub zugedeckt von den Zementfabriken, die einen Wall um die Stadt zogen. Alle Beweglichkeit starb unter diesem Würgegriff, und ich umkreiste raubvogelgleich das Verwesende; ging dann zurück in die Staubwolken, drang in das Siechtum vor.

Meine Firma, für die ich hier arbeiten sollte, hatte mir ein Zimmer bestellt, und ich fragte mich zum Hotel durch. Man empfahl mir, immer geradeaus zu gehen, das Hotel sei nicht zu verfehlen, es befände sich genau im Zentrum.

Ich kämpfte gegen die lastende Hitze, die mich sonnenstrahlenlos und wie ein Gummimantel umschloß. Die ganze gerade Straße entlang hingen die Menschen apathisch aus den Fenstern oder saßen auf Stühlen in den schmalen Rändern um ihre Häuser.

Da es Sonntag war, schienen sie führungslos, sie begleiteten meinen Gang mit einem teilnahmslosen, eingravierten Gesichtsausdruck.

Ich kam auf den Marktplatz, der sich nur darin unterschied, daß sich die gleichen niedrigen, grauen Klötze zu einem Viereck stapelten, aus dessen Mitte ein Stück bräunlicher Rasen wuchs; um ihn herum lagen auf den Bänken Fabrikarbeiter, abrufbereit und unfähig, etwas zu tun. Erst pfiffen einige hinter mir her, ließen aber bald davon ab, weil sie fürchteten, durch ihr Pfeifen die Alarmsignale der Fabriken zu überhören.

In der Nähe fand ich mein Hotel, ich öffnete die Doppeltüren, ließ den Staub hinter mir. Innen war alles hermetisch abgeschlossen, und ein zweites Hitzereich fing mich ein. Der rauchige Raum war voll biertrinkender Männer, nur hinten in einer Ecke, unter einer gelblichen Funzel, hockten drei füllige Frauen, die ich für Nutten hielt.

Der Wirt führte mich über Stiegen in mein Zimmer, erklärte mir alle Verriegelungen der Doppelfenster, Doppeltüren und der Staubmarkisen vor den Fenstern. Nur zwei Stunden am Tag könne gelüftet werden, da man sonst an den Schwaden ersticke. Er bekundete mir seine Freude, eine junge Frau in der Stadt zu beherbergen, da sonst hier nur Arbeiter, Vorarbeiter, Angestellte und Techniker und ein Dutzend Weiber für die Männer, wie er sagte, ansässig wären.

Mein Raum hatte das Inventar eines Krankenzimmers, mit Blick durch Markisenschlitze auf Schlote, Backsteinwände und Abfallkästen, davor eine Nische aus Stein mit einer Hundehütte. In der Hütte hechelte der Hund, sein Fell war bemehlt, und die Augen tränten.

Ich zog mich um und ging sofort wieder in das Lokal hinunter, setzte mich in die Nähe des Frauentisches.

Nach anfänglichen Sticheleien ließen mich die Männer in Ruhe, und da sie alle auf etwas warteten, aber nicht wußten, worauf, wurden sie zunehmend unsicherer und zugänglicher.

Sie sprachen kaum, nur der Zapfhahn war fortwährend in Betrieb, und der Wirt latschte von Gast zu Gast, füllte die Getränke nach. Manche schliefen in ihren Ellbogen, und mich reizte ihre Unterwerfung, die Zufriedenheit, mit der sie den unsichtbaren Zwang auf sich nahmen. Vom Tisch der Frauen ging eine vernarbte Obszönität aus, und sie redeten aufgescheucht vor sich hin, zerrten an ihren Hautkleidern.

Ich beobachtete die Männer, einen nach dem anderen, stundenlang, und meine und ihre Trostlosigkeit beflügelten mich in dem Wunsch, ihnen allen den Rest zu geben, das Gespenstische ihrer Lage auf den Höhepunkt zu treiben.

Gegen Mitternacht stolperte eine Frau herein. Sie sackte auf den ersten Tisch, und als man ihr einen Stuhl unterschob, brach sie in ihren Armen zusammen und weinte laut vor sich hin.

Es schien, als wäre sie das, worauf alle gewartet hatten, und sie wurde augenblicklich von allen Seiten umringt und getröstet, hin- und hergewalkt. Aber Beppi, so hieß sie, lugte nur durch die verquollenen Augen, schlug das Gesicht wieder in die Arme, jammerte von neuem los.

Hektische Betriebsamkeit setzte ein, Beppi, die untröstlich schien, wurde umhegt, Dutzende von Händen strichen ihr über den Rücken und wollten sie beschwichtigen. Der Wirt eilte nach Bier und Schnaps, baute die Gläser liebevoll vor Beppi auf und redete beruhigend auf sie ein. Als er an mir vorbeiging, hob er die Achseln, bekundete mir vertraulich, daß Beppi wieder ihren »Sentimentalen« hätte. An der Folge der Ereignisse war deutlich zu erkennen, daß sich das Abend für Abend wiederholte.

Kurz bevor die Bemühungen der Männer in Ratlosigkeit und Desinteresse umschlagen konnten, Beppi die Tränen aller geweint hatte, erhob sie ihr lilafarbenes

Gesicht und leerte mit einem Zug das Bierglas, wobei teilnahmsvolle Ruhe herrschte.

Dann verschleuderte Beppi wahllos ihre Blicke, ihren Körper, bestürzend und selbstquälerisch, und noch mit ihren Dankbarkeitsbezeugungen angestrengt, entdeckte sie mich.

Sie schaute mich an, als erkenne sie erst jetzt irgendeinen Gegenstand ihrer Umgebung. Weil sie erschrak, mich aber nicht noch einmal unauffällig fixieren konnte, nahm sie wieder Zuflucht in einem Weinkrampf. Während Beppi tiefer über ihre Arme in ihren Kummer floh, begriff ich, daß sie allein der Schlüssel dieses Höllenparadieses war.

Mir wurde langsam klar, daß ich Beppi zu meinem Werkzeug machen konnte, indem ich sie benutzte oder den anderen entzog.

Beppi, aus der alle anderen Kraft bezogen, Beppi, die für sie die letzte Stufe des Elends lebte, die noch tiefer stand, weil alle anderen sie bemitleideten und benutzen durften.

Sie segelte dann auf den Ecktisch zu, setzte sich zu den Frauen. Der Raum war wieder streng geteilt in männlich und weiblich. Dort angelangt, erreichte Beppi keine Bewunderung und Hilfe mehr; die Männer witzelten noch ein paar Sätze lang über die Frauen schlechthin, vergaßen sie dann und warteten wieder nur auf die Sirenen.

Stunden später stützte ich Beppi und schleppte sie nach Hause. Mit den Armen machte sie großzügige Bewegungen, bekundete mir, überall da schlafe sie, überall da wohnten ihre Liebhaber. Sie würde geliebt, so geliebt werden, und sie weinte, weil sie geliebt wurde, sie weinte um alles, was war oder nicht war, dann weinte sie nur noch, weil sie weinte.

Ihre Wohnung war ein Sammelsurium von Männergeschenken, und bevor sie sich auf ihr riesiges Bett warf, beweinte sie jedes Andenken, bereute die verpaßten Gelegenheiten, die nicht abreißen wollten.

Eingeschlossen in ihre Welt verlor sie Namen um Namen, sie, die Vagabundin der Stadt, zerfiel. Sie kauerte sprungbereit auf dem Bett, ihr Unterkörper ruhte in einer Vielzahl von Bauchfalten, die Haare hingen, als hätte ich sie eben aus einem Morast gezogen. Dann warf sie die Beine von sich, ließ den Kopf nach unten stürzen, und die Hände auf die Oberschenkel gelegt, nahm sie Anlauf in einen letzten Weinausbruch, klappte die Beine nach innen wie ein Taschenmesser, hob den Kopf wieder und schlug sich mit der Hand die Tränen vom Gesicht.

Als sie aufstand und den langen Reißverschluß ihres Kleides öffnete, nahm sie mein Dasein zur Kenntnis, und in den Ausdruck einer unumwundenen Neugier mischte sich eine Art von Bedauern. Während sie sich auszog, beargwöhnte sie mich, sie drehte mir den Rücken zu, und ich wußte, daß sie im stillen eine Frage vorbereitete, daß sie mich nicht mehr ertragen könnte, wenn ich nicht eine Dienende oder Wartende wie sie wäre.

Mit dem Kleid in der Hand setzte sie sich plötzlich neben mich, fragte ohne Umschweife, ob ich lesbisch sei. Das Wort sprach sie so aus, als sei es das Ekelerregendste der Welt. Ohne weitere Erklärung sagte ich ihr, daß ich sie haßte und auch die Männer. Sie schluckte eine Weile unfaßlich vor sich hin, da ich ihr aber so fremd war, die Widerwärtigkeit ihrer Vermutung entschärft hatte, behandelte sie mich wie einen Kumpel. Sie bot mir das Bett im Nebenraum an.

Sie zog sich nun ungeniert aus, lief entkleidet in die

Küche, nahm ihre Tabletten ein und schien dabei zu überlegen, was mit mir anzufangen sei.

Ich betrachtete sie, ihre fleischliche Üppigkeit, ein fremder Besitz, dessen Verwalterin sie war.

Im Bad knetete Beppi an ihrer Haut herum, schminkte sich ab, brachte die Haut wieder in den alten Zustand. Ich glaubte zu wissen, daß sie auch des Nachts eine Kontrolle wähnte, die den geliehenen Leib inspizierte. Ich überlegte, welche Art des Unglücks Beppi darstellte, fand aber keine Bezeichnung, weil Glück oder Unglück etwas war, was sich in ihr nur vorübergehend wie eine Spiegelung niederließ.

Eine halbe Stunde führte sie vor mir ihre eingebrannten Handlungen aus.

Dann ging sie ins Bett, ihr Gesicht war blank und leer, sie lag aufgebahrt und so, als hätte sie darauf zu achten, am nächsten Morgen in unverändertem Zustand zu erwachen.

Wir erzählten uns belanglose Dinge, und dabei sagte ich ihr, wo ich arbeitete, daß ich dort die Mahnabteilung und Geldeintreibung führen sollte.

Beppi kannte eine Menge Männer, die dieser Firma Geld schuldeten, denn alles Geld, sagte sie, bliebe bei ihr, sie würde sich für die Männer einsetzen, schlimmstenfalls gehe sie umsonst mit ihnen ins Bett.

Plötzlich behandelte sie mich wie einen Eindringling, so als wollte ich in eine kranke Familie schädliche Arzneien einschmuggeln.

Sie war sicher, daß ich an dem Ort nicht lange Unfrieden stiften könnte. Sie ärgerte sich über meine Kälte und Entschlossenheit, löschte einfach ohne Ankündigung das Licht, und ich tastete mich unsicher in den Nebenraum vor.

Ich konnte lange nicht einschlafen, aus ihrem Schlafzimmer kam ein Atmen, das wie über einen Monitor am Leben blieb, und die ganze Nacht hindurch stellte ich mir Maschinenhände vor, die Entkleidungen vollzogen, und eine Lochkarte, die ohne Pause eingeschoben wurde und immer wieder dieselben Resultate hervorbrachte.

Ich fühlte mich mitten in den Kreisel der Ansteckung eindringen und beschloß, die Dinge ringsum allmählich zu zerstören, bis ich den Kern treffen würde.

Um sechs Uhr morgens heulten die ersten Sirenen, ich stellte mich ans Fenster und verfolgte die Menschen, die mechanisch den Fabriktoren zutrotteten. Eine Stunde später sielten sich die ersten Staubwolken durch die Straßen, dann warnten Sirenen vor offenen Fenstern, und überall wurden die Fenster verriegelt und Läden heruntergelassen.

Beppi und ich frühstückten gemeinsam. Am Morgen bekam ihre Ausschließlichkeit, für andere zu leben, etwas Würdiges, und wieder spürte ich, wie sie mich verabscheute.

Ihr Tagewerk bestand darin, sich selbst und ihre Umgebung in den Zustand des Empfangens zu bringen. Während ich noch aß, stand sie vom Tisch auf, wusch ihre Unterwäsche, die Haare, lüftete das Bett und legte das Kleid für den ersten Mann heraus.

Bis ich das Haus verließ, füllte sie die verbleibende Zeit mit Wehklagen. Ich fragte sie, warum sie weine, legte ihr dabei die Hand auf den Rücken, wie es die Männer immer taten. Ihr Tränenfluß versiegte augenblicklich, und sie wich der Möglichkeit aus, daß ich sie von dem Unglück befreien könnte.

Ich fragte Beppi, ob sie so wild auf Männer sei, daß sie gerade in dieser Stadt bliebe. Da reagierte sie zum ersten Mal sehr heftig, rannte in ihr Bad, schloß es ab, fegte ihre kosmetischen Utensilien zu Boden und kam mit einem solch verzweifelten Gesicht zurück, daß ich meine Frage bereute. Es schien, als hätte ich ihr Gebäude erschüttert und als wäre ihr nach dieser Klarheit ein Weiterleben unmöglich. Ich begriff, daß sie nicht wissen konnte, was ich meinte. Sie nahm wieder schnell Zuflucht in die Erwartung, die andere in sie setzten.

In der Firma, in der ich arbeitete, ging alles drunter und drüber, und man war froh, endlich eine neue Kraft bekommen zu haben. Es war eine Art Großhandel, mit mehreren Filialen über die Stadt verteilt, in denen die Arbeiter auf Pump kauften.

Jeder einzelne hatte eine Karteikarte mit der Höhe des Schuldsaldos, die allerdings seit Monaten nicht mehr auf dem laufenden war und falsche Summen aufwies.

Ich erledigte meine Arbeit unauffällig und mit großem Eifer; anfangs machte ich viele Überstunden, um mit der Eintreibung der Gelder beginnen zu können. Da die Firma schlecht geführt wurde, überließ man mir viele Entscheidungen, ebenfalls die Art und Weise der Schuldeneintreibung. Obwohl die Geschäftsleitung kaum Druck ausübte, kuschten alle Angestellten.

Da im ganzen Ort sämtliche Informationsquellen verstopft gehalten wurden, regierten unartikulierbare Ängste und Abhängigkeiten, und ich bediente mich dieses Netzes.

Die Stadt war klein, die Fabriken alle miteinander verknüpft, und es sprach sich schon nach einigen Wochen herum, welche Position ich bekleidete; abends in der Wirtsstube begegnete man mir mit Höflichkeit und Angst davor, daß ich beginnen könnte, die Gelder zu fordern.

Meine Abende verbrachte ich im Gastraum des Hotels, ließ Männer und Frauen nicht aus den Augen. Jede Nacht bot sich mir dieselbe Vorstellung.

Bald begannen die Männer, vor mir so zu tun, als hätten sie ihre Besuche bei den Nutten gedrosselt, denn erstens waren fast alle verheiratet, und zweitens wollten sie mich nicht wissen lassen, daß ein Großteil ihres Geldes bei den Frauen blieb.

Nur Beppi genoß Narrenfreiheit wie eh und je. Immer tauchte sie als letzte auf, denn es gab keinen, der sich bei ihr nicht aufpäppelte, nicht durch die Macht der Beherrschung neue Kraft gschöpft hatte. Sie war ihr Medikament, sie war es durch und durch.

Man mußte Beppi hintertragen haben, in welcher Gefahr sie alle schwebten, und sie hatte offensichtlich Befehl, meine Freundschaft zu gewinnen. Ich aber blieb unnahbar, und sie umtätschelte mich deshalb mit Trinken, Streicheln und Lamentieren im Auftrage der anderen. Die Männer wiederum gaben sich so, als machten sie sich über Beppis plumpe Bemühungen lustig, doch ich spürte die Verstrickung mit ihrem Elend, das schon Lebensinhalt geworden war.


Nach acht Wochen waren meine Aufstellungen vollständig, und ich begann, meine Unterlagen in einem Ordner mit mir herumzutragen. Nicht einer der Gäste war schuldenfrei, und sie wetteiferten untereinander in Unbedarftheit, damit keiner vor dem anderen in den Verdacht kommen konnte, mit auf der Liste zu stehen.

Von Tag zu Tag wurde die Stimmung unerträglicher und unberechenbarer. Sobald ich in mein Zimmer ging, hörte ich, wie die Frauen aufstanden, sich unter die Männer verteilten, in Angst, daß sie plötzlich in Vergessenheit gerieten. Beppis leieriger Singsang war durchdringend, und weil sie sich noch rückhaltloser anbot, büßte sie in letzter Zeit erheblich von ihrem Reiz ein.

Eines Nachts verließ sie mit ihrem intimsten Freund die Kneipe, schwankte betrunken neben ihm her. Auch er hatte eine Menge Schulden, und weil er mit Beppi aufs engste liiert war, stand er ganz oben auf meiner Liste. Es schien, als wüßte er es.

Von meinem Zimmer aus beobachtete ich, wie sie die Straße entlangstolperten, hörte Beppis Liebesgewimmer, sah, wie sich sein Rücken verhärtete, er Abstand suchte, sie in der aufkommenden Situation als Last abwerfen wollte. Während Beppi nicht aufhörte, sich in seine rechte Körperseite einzuarbeiten, schubste er sie von sich und versteckte sich im Dunkeln. Sie segelte in eine Lache, blieb schimpfend liegen, während er noch einmal im Staub eines Lichtkegels auftauchte und dann verschwand.

Am nächsten Tag sandte ich meine ersten Mahnungen aus, die die Schuldner quittieren und innerhalb einer Frist von acht Tagen bezahlen mußten.

Ich hatte ein Feuer um die Stadt gelegt und war gespannt, wie es sich ausbreiten würde.

Von da an ging ich immer später als sonst nach unten, nahm gelassen meinen Beobachtungsposten ein. Sobald ich eintrat, knisterte mißtrauisches Schweigen. Alle waren wie gewöhnlich versammelt, und durch einige, deren Schicksal sich bereits erfüllt hatte, konnte jeder seine Frist bemessen.

Um ihre Lage meistern zu können, soffen sie noch wahlloser und hastiger in sich hinein, und weil sie gegen mich nichts vorzubringen wagten, sich aber ihre Wut staute, richteten sie ihre ganze Auflehnung gegen die Frauen. Plötzlich warf einer der Schuldner ein volles Schnapsglas in ihre Runde und brüllte dabei etwas wie »Mistweiber« und »Drecksäue«. In einem Kanon erhob sich daraufhin der Männertisch und setzte sich gegen die Frauen in Bewegung. Schleunigst wich ich in die hinterste Ecke, verfolgte mit Freuden den erwarteten Ausbruch. Man hatte mich völlig vergessen. Beppis Freund baute sich vor ihr auf, wollte ihre Verteidigung übernehmen; da ließen die Männer von den Frauen ab und fielen übereinander her. Die Frauen verließen tobend den Raum, während die Männer blindlings aufeinandereinschlugen. Als sie die Einrichtung zu demolieren begannen und volle Flaschen zertrümmerten, drosch der Wirt mit einem Gummiknüppel auf sie ein, bis sie aus der Kneipentür kullerten. Der Wirt entschuldigte sich höflich bei mir, und ich verzog mich in mein Zimmer.

Dies war die erste Nacht, in der ich meine Einsamkeit nicht fühlte; trotz des Staubes öffnete ich die Doppelfenster, beugte mich weit hinaus unter die Markisen, lauschte dem Sand, der unheimlich, unaufhaltsam über die Dächer wanderte und sich zum Herrn der Stadt machte. Bis morgens lag ich wach, ersehnte die Sirenen, die gleich einem Kanonenwall rings um die Stadt aufgebaut waren, um die Stadt Schlag sechs Uhr unter Beschuß zu nehmen.

Von nun an waren von früh bis spät Anwälte, Geldeintreiber und Gerichtsvollzieher unterwegs, so daß ich nicht mehr benötigt wurde.

Das Hotel wurde stündlich leerer und trostloser, so als hätte sich die Stadt endlich dem Tode ergeben, und nur ganz selten geschah es, daß eine der Frauen in das Gastzimmer äugte, um sich zu überzeugen, ob wirklich außer mir niemand mehr dasaß.

Der Wirt war ratlos, putzte unaufhörlich seine Zinnsachen, die Biertheke, kochte für mich und den Hund, hoffte, wie er mir andauernd erzählte, auf baldige Normalisierung der Lage.

An einem der darauffolgenden Tage, als die Luft noch zitterte unter den Sirenen, nahm ich Abschied von der Stadt. Der Wirt wollte mir einen Wagen für den Koffer besorgen, ich bedankte mich aber, da ich fürchtete, von einem der Schuldner abgeholt zu werden.

Ich ging wieder die gerade Straße zurück in Richtung auf den Bahnhof. Aus einigen Häusern wurden Möbelstücke getragen und auf dem Firmenwagen verstaut; sonst war kein Mensch zu sehen, die Metallrollos waren heruntergelassen – zum Schutz gegen den Zementstaub.

Vom Zugfenster aus sah ich Beppi umringt von Gepäckstücken an den Geleisen warten. Ich wollte ihr gerade winken, doch der Zug setzte sich in Bewegung, und eine dichte Zementwolke senkte sich zwischen die Entfernung.

II

Ich verbrachte ein paar Urlaubstage an der Küste. Es war ein luxuriöser Ort, der sich mit Restaurants, Hotels und Straßencafés bis an den Strand ausdehnte und in Serpentinen in einem bombastischen Aussichtslokal endete.

Das Wetter war kühl und regnerisch, die Cafés verwaist, die Buntheit des Ortes wirkte deprimierend und fahl. Trotz allem waren die teuersten Hotels ausverkauft, und die gelangweilten Urlauber strichen modisch gerüstet durch die Gassen, lungerten in den Speisesälen. Es herrschte eine gereizte Stimmung, niemand gab seine Enttäuschung zu, jeder spielte dem anderen vor, endlich einen Ort gefunden zu haben, in dem man in Einsamkeit und Naturverbundenheit zu sich selbst finden könnte.

Schon am Vormittag setzte ich mich in den Saal des Parkhotels, beobachtete lange die Gäste, die durch meinen Alleingang herausgefordert schienen. Das Meer schwappte an den Felsen, auf dem das Restaurant gebaut war, und in einem stetigen Rhythmus spritzten Wassermassen gegen die Frontscheiben.

In den herabrasenden Tropfen zitterte draußen der Felsen, eingekeilt in der schwarzgrünen Bucht.

Die Gäste waren verkrampft in dem Meereskreislauf, und wenn das Wasser ablief, schnappten sie nach Atem wie angespülte Fische. In dem keimfreien Aufenthaltsraum saßen die Pärchen, eingelassen in weißes Tischzeug, umrahmt von fremdländischen Topfpflanzen, die in der künstlich erzeugten tropischen Wärme wucherten. Mit teurem Zubehör geschient und wichtigtuerisch betraten die Urlauber paarweise den Raum. Keiner wagte nach dem Wetter zu sehen, und sie brüteten verdrossen vor sich hin, gaben sich wie »einsame Jäger«, und jeder begann allmählich, die Person gegenüber zu verabscheuen, weil er durch sie an die Langeweile und die Leere in sich gemahnt wurde.

Um sich nicht in dem anderen wiederzufinden, mieden sie ihre gegenübersitzenden Spiegel, und so bestierten sie abwechselnd das Inventar des Raumes, um dann verinnerlicht in dem Anblick der Klippen und dem Spiel der Gezeiten zu versinken.

Ich spürte ihre eingeschnürten Leiber, die Gürtel, die prallengen Hosen, ihre geschraubte Körperhaltung, ihren Hunger nach Anerkennung, die Gier nach Ablenkung, ihre Hingabe an das eingeplante Neue.

An meinem Nachbartisch war ein Paar mittleren Alters einquartiert, und nach Tagen der Nichtbeachtung begannen sie, sichtbar über mein Leben zu rätseln. Beide machten den Eindruck, als hätte sie erst kürzlich eine Geldschwemme überlaufen, und kein Körperteil war ausgelassen, um das Vorhandensein des Reichtums zu präsentieren. Das Auffallendste an beiden war ihr Auto, das meistens in der Mitte des Parkhofs stand. Es glich einem Rennwagen und war überall mit Sieges- und Landesplaketten, Spiegeln, Hupen, Antennen und Chrom-Extras tätowiert. Über Lautsprecher wurden sie häufig gebeten, den Wagen beiseite zu stellen. Ehrfürchtig unterbrachen die anderen Gäste ihre Gesprächsfetzen und lauschten verzückt dem Wendemanöver. Da die Gesamtfläche des Ortes etwa zehn Kilometer maß, konnte man an allen Ecken und Enden das Auto parken sehen, um das augenblicklich – schon aus Zeitvertreib – eine Traube von Menschen hing.

Die Besitzer des Wagens nannten sich Schatz und Schätzchen, bemühten sich adäquat, ihrem Äußeren eine Besonderheit auch in der Art ihrer Ehe zum Ausdruck zu bringen.

Schatz war ohne seinen Wagen undenkbar, und seine Kleidung, sein Gebaren, seine Bewegungen waren auf ihn abgestimmt.

Schätzchen thronte unter einem weißen Haarturm, strich mit den beringten Fingern immer wieder über die Perücke oder glättete auffällig die Tischdecke, wobei sie darauf achtete, daß sich das Licht in den Brillantringen brach. Sie aß nach einer Kalorientabelle, witzelte dabei über ihren Mann, der wahllos in sich hineinfraß. Ihn hörte man überall kommen und gehen, denn er besaß eine Vorliebe für klobige englische Schuhe mit beschlagenen Absätzen.

Beide demonstrierten gekonnt ihre Umrahmung,

und nicht wenige Paare begannen, im Ort nach gleichen Kleidungsstücken Ausschau zu halten. Jeden Tag
erschienen von ihnen neue Ableger, und das machte sie
beide zum Mittelpunkt des Ortes, so daß sie sich be-
rechtigt fühlten, das Geheimnis meines Alleingangs zu
lüften.

Schätzchen hatte hellblaue Augen, die sich unter
Lidstrichen wehrten und mit denen sie entweder faszi-
niert oder abgestoßen an all meinen Bewegungen hing.
Ich ließ mich jedoch keineswegs beeindrucken, und so
wurde sie, ohne zu ahnen wodurch, von meinen Vorstellungen gefangen.

Seit Beginn unserer heimlichen, zwittrigen Zwie-
sprache saßen sie länger als gewöhnlich im Eßraum,
und sie wurde zerstreut und nervös. Ihm entging ihre
Neugier nicht, doch da er mich für unwichtig hielt, ihr
aber beweisen mußte, daß er keinem Abenteuer abge-
neigt war, stachelte er sie auf.

Sobald sie den Raum betraten, war ihren Gesichtern
abzulesen, daß sie sich ausschließlich mit mir beschäftigt hatten und daß sie sich verfluchten, weil jeder allmählich glaubte, allein ein Anrecht auf mich zu besitzen. In der Sucht, meine Aufmerksamkeit zu erringen,
verbrüderten sie sich, so daß ihre Ehe den Anschein
bekam, als hätten sie sich etwas mitzuteilen und als ver-
binde sie etwas. Nach dem Essen ruhten sie auf ihren
Stühlen, gehemmt und angespannt, und suchten nach
einer Möglichkeit, ohne Einbuße ihres Images an mich
heranzukommen. Ich wußte, auf welchen Ausweg sie
verfallen würden, und so nahm ich mir vor, zuerst die
Frau in die Irre zu führen.

Kaum hatte sie den Speisesaal betreten, empfing ich
sie mit bewundernden Blicken, begleitete sie hingeris-
sen an ihren Platz.

Ich gab mir den Anschein, als wäre ich ihr an diesen Ort gefolgt, nur um in ihrer Nähe zu sein. Nach kurzer Zeit brauchte sie meine gedankliche Abhängigkeit immer mehr, um ihre äußere Vollkommenheit zur Geltung bringen zu können. Am vierten Tag konnte sie vor ihrem Mann kaum noch die Spielregeln einhalten, die sie beide eingeübt hatten, und sie benahm sich abwechselnd ruhelos und zerrissen oder überspannt und merkwürdig.

Um Gewißheit über sie zu bekommen, setzte ich mich eines Tages in den angrenzenden Raum und verfolgte sie durch die Glaswand.

Sie kam die letzte Treppe herunter in den Speiseraum, suchte meinen Platz ab, plötzlich schien jeder Aufwand sinnlos, ohne Adresse, und kopflos, willig überließ sie sich ihrem Mann. Fortwährend stierte sie durch die wasserfleckigen Scheiben auf die anthrazitfarbene Bucht, in ihrer Haltung spiegelte sich offen ihre Urlaubstrostlosigkeit. Als sie mich später entdeckte, geriet sie so aus der Fassung, daß sie sich wahllos zu essen bestellte und dann mit ihrem Mann einen Streit erzwang.

Alle Heftigkeit, die mir gegolten, ließ sie an ihm aus, und ich sah, wie er sich nach hinten in den ledernen Armlehnen verkroch. Aus Angst, sie könnte weiter aus der Rolle fallen, schleppte er sie hinaus in den Regen. Sie standen auf den Treppen abwärts zum Meer und schienen nicht zu wissen, wohin sie sich wenden sollten. Ich ging nach draußen, lehnte mich an die Drehtür, übergoß sie mit einem Lächeln. Ohne Kontrolle über sich und wie Taubstumme untereinander, gestikulierten sie heftig in meine Richtung. In Sekunden hatte er begriffen, und bestürzt über das Ausmaß ihres Interesses, ergriff er ihren Arm, rettete sie und sich in ihr

Auto. Ich verfolgte sie mit den Augen durch die Scheiben des Wagens. Er hämmerte mit den Händen auf dem Lenkrad, und sie schrumpfte in den Autositz. Als der Wagen eine Kehrtwendung machte, hielt er plötzlich an, beide lachten nach hinten, und da wußte ich, daß sie mich untereinander aufteilen wollten.

Als er erneut den ersten Gang einlegte, wirkten beide wieder gefaßt und verchromt, rostsicher lächelten sie in die Richtung, in der sie mich wähnten. Doch ich saß schon in der Vorhalle, ließ mir durch die vielen Glasscheiben ihr albernes Spiel übertragen.

Abends kehrten sie einig und naschsüchtig zurück. Sie gaben sich lasziv auffällig und mußten sich gegenseitig in ihre Schranken weisen. Beim Abendessen begrüßte er mich mit einem Blick, aus dem er sich herausschrauben mußte, gab Schätzchen durch die Forschheit des Gangs seinen Erfolg zu verstehen. Schon hatte er sich in seine übermäßige Eitelkeit verstrickt, und jetzt boten beide den Anblick, den sie schon die Tage davor verbreitet hatten. Ich rührte mich nicht, rollte in dem Donnern des Meeres, dem Aufklatschen, dem Sturm, der die Nacht aus den Wolken riß.

Gegen zweiundzwanzig Uhr zündeten die Ober Kerzen an, und die Augen flackerten ausgehungert in der versprechenden Beleuchtung. Die Nacht zog einen Zaun um den Festsaal, und in einem Ghetto betäubten sich die Gäste mit Sekt und Wein. Bei der zweiten Flasche Sekt nickten mir Schatz und Schätzchen zu, die Lippen am Rand der Gläser, die Augen um Aufschluß bittend. Ich prostete ihnen mit meinem Glas zu, wobei unsere Augen Mund an Mund lagen, und ich döste – als hätte ich plötzlich das Interesse verloren – wieder vor mich hin, verfolgte die Rauchwolken über die Köpfe hinweg, die Gesichter vom Schatten des anderen überlaufen.

Mit dem Vorrücken der Nacht wandelten sich die Öde der letzten Tage, die Zurückhaltung voreinander in eine banale Flut des Verstehens, und um dem Ausdruck zu geben, ließen Schatz und Schätzchen für alle Sekt auffahren. Aus fünf Fluchten rollten Servierwagen mit Sekt, und die Ober hasteten wie bei einem Windhundrennen, verteilten die Flaschen und schossen die Korken gegen den Stuck der Decke. Die Gäste grölten und juchten bei jedem Knall, begleiteten die Schüsse mit Klatschen. Als der Ober zu meinem Tisch kam, bedankte ich mich und wies die Flasche zurück. Wieder hielten sie das Glas am Mund, wollten mir zunicken, und als sie meine Unverfrorenheit bemerkten, glaubte ich für Sekunden, daß sie sich mit der Menge im Rücken meiner entledigen würden. Aber ihre Gesichter blieben verstört, und sie vermittelten ein Schweigen, das über sie hinauswuchs, sie wie Säure durchflutete und ausbleichte.

Und in mir war ein Schrei, mit dem sie in die Tiefe, die Felsklippen hinunter in die Strudel stürzten, mit den Händen verhakt, einer den anderen nach sich reißend. Ich hörte das Herannahen der mauerhohen Welle, mit der sie zu Schaum würden.

Bevor die beiden den Mut aufbringen konnten, mich an ihren Tisch zu bitten, stand ich auf, grüßte freundlich und verließ den Saal.

Hinter mir zerbrach ihre Ausgelassenheit, und mir war, als ließ ich mit dem Öffnen der Schwingtür die Müdigkeit ein.

Langsam wanderte ich die Kurven hinauf, immer im Scheinwerfer der Straßenleuchten, ging im Gleichschritt mit dem Hoch und Nieder des Meeres, genoß es, ausgehöhlt, eine Stille zu werden, die über den Tod Macht hat. Plötzlich dröhnte von unten ein Motorengeräusch, und ich erkannte deutlich den Wagen des Paares. Im Zickzack fraßen die Scheinwerfer die Dunkelheit, glitten die Hauswände entlang nach oben, versuchten, mich aufzuspüren. Blitzschnell duckte ich mich, ließ den Wagen passieren. Ich sah noch ihre geweiteten Augen an die Frontscheibe gedrückt, ihre entstellten Gesichtszüge, die an das Gaspedal angeschlossen schienen, ihren Rücken bogengespannt, bereit zu einem erregenden Weitsprung. Es war, als risse sie die Flut hinter sich her, überschwemmte mich und das meerschüssige Dorf. Abseits von der einzigen Autostraße schlängelte ich mich hinauf in meine Hotelpension und ließ sie immer hinter ihrem Licht herrasen.

Am nächsten Morgen hielt ich mich in der Nähe des Parkplatzes auf, hoffte voller Ungeduld darauf, daß er den Wagen aus der Garage auf dem Platz abstellen würde. Schon nach kurzer Zeit betrat er die Garage, ließ den Wagen dröhnen, fuhr fünfzig Meter bis in die Mitte und sprang wie von einem Pferd aus dem Auto. Als er zweimal seinen Augapfel umwanderte, ging ich gemächlich auf ihn zu. Aus den Augenwinkeln erwartete er mich, entfernte mit der Hand ein paar Flecken von der Frontscheibe, blickte verstohlen zu den Fenstern des Hotels, um sicher zu sein, daß er ungesehen blieb.

Voller Bewunderung ging ich um den Wagen herum, während er das Fahrzeug tätschelte. Ich bekundete eine Vorliebe für rassige, besonders schnelle Autos. Er erklärte mir sämtliche Plaketten und führte mir innen eine Vielzahl von Hebeln vor. Während des Hineinbeugens streifte er mein Haar mit seinem Gesicht und war beglückt, annehmen zu dürfen, ich interessiere mich für Autos nur seinetwegen. Dann suchte er sofort wieder die Fenster des Hotels ab. Die Vorhänge waren noch zugezogen, und ich bemerkte, daß seine Frau sicher noch fest schliefe. Beruhigt erklärte er mir weitere Einzelheiten, und ich spürte deutlich, wie es ihn erleichterte, endlich zu wissen, daß an mir nichts Geheimnisvolles war. An seiner Sicherheit mir gegenüber merkte ich, wie er seine Frau belächelte. Ich stand auf das Dach gestützt und schaute versonnen in die Bucht. Wir beide verfolgten die Regenwolken, die zerrissen über dem Felsen hingen, und mit Bedauern sprach er von dem aufkommenden Regen, sah mich dabei an, als klinge für ihn, selbst bei diesem oberflächlichen Gespräch, der Unterton meiner Sehnsucht heraus. Bei passender Gelegenheit – dabei streifte sein Auge wieder das Hotelfenster – wolle er mir seine Fahrkünste vorführen. Ich gab mich hocherfreut. Als er mir die Hand reichte, glaubte er fest, wir beide seien Verbündete, und ich tat nichts, um seine Illusion zu zerstören. Vor der Hotelhalle drehte er sich noch einmal nach mir um, winkte hinterhältig aus dem Unterarm heraus. Er glich einem alternden Provinztorero, der noch einmal die Vergangenheit lebt, und seine Armseligkeit erfüllte mich mit körperlicher Erregung.

Am Nachmittag ging ich viele Stunden spazieren. Die Luft war ölig und verhangen, unablässig nieselte Sprühregen. Ich begegnete einigen Gästen, die, in Regenkapuzen gehüllt, lustlos und mißmutig kreuz und quer liefen.

Ich hockte mich auf einen Felsen, lauschte dem Schwappen des Wassers, dem Hochfliegen der Möwen, den spitzen Vogelstimmen, sehnte mich nach der großen Welle, die ab und zu von weit hinten sich über die träge Ebenheit des Meeres stülpte und herannahend jedes Geräusch unter sich begrub.

Von nicht weit her vernahm ich bald einen heftigen Wortwechsel. Ich ging ein Stück hinauf und traf auf die beiden, die, in gelbe Regenmäntel gehüllt, voreinander standen und sich beschimpften. Sie konnten mich nicht erkennen, denn ihre Kapuzen ragten weit in das Gesicht wie Scheuklappen. Ihre Arme fuchtelten, und mit dem Anschwellen ihrer Stimmen fuhren sie weiter und weiter auseinander, dabei stolperte sie und stürzte rückwärts auf den Felsen. Als sie nach ihm schrie, trat er ganz dicht an sie heran, übertönte sie und versetzte ihr einen Hieb, gerade als sie im Begriff war, sich hochzurappeln. Sie warf ihm Schimpfworte hinterher, während er geschwellt erhaben die Bucht räumte.

Nach einigen Minuten standen sich die beiden gelben Punkte erneut gegenüber, und hintereinander herjagend verschwanden sie dann hinter einem gischtigen Schleier.

Abends suchte ich die Bar auf, in der die beiden häufiger verkehrten. In drei Reihen standen Leute um die Bartheke herum, kaum jemand unterhielt sich, alle starrten auf die Musiker, die unlustig vor sich hinspielten. Schatz und Schätzchen saßen mit dem Rücken zum Eingang, sie qualmten über ihre Köpfe weg, und auf die Hände gestützt begönnerten sie die Barmixer. Von ihren Rücken ging ein spannungsloses Schweigen aus.

Ich stellte mich abseits, kostete das Vergnügen aus, daß sie nichts von meiner Gegenwart wußten. Sie trug eine enge Samtbluse, die ihren Nacken bis zum Rückenansatz freigab. Er saß in einem maßgeschneiderten Anzug mit breiten Schultern, die mich unwillkürlich an einen Wasserträger denken ließen. Über die Kerzen hinweg schwelgte er einer Bardame entgegen. Ihre beiden Gesichter spiegelten sich in der Rundung einer Goldlampe. Einige Pärchen tanzten in der Ecke, sie glitten wie Giraffen über die Stahltanzfläche.

Nach langer Zeit der Beobachtung ging ich auf Schätzchens Rücken zu, legte vorsichtig meine Hand auf die Haut, blickte in die Goldkugel, verfolgte ihren Ausdruck, der sich mit dem Körper einer versteckten Wonne hingab. Gleich darauf bemerkte mich ihr Mann, erhob sich, während sie sich diebisch in ihre Kälte zurückzog, doch als er mich überschwenglich begrüßte, drückte sie heimlich ihre Seite an meinen Körper. Ich dachte, sie stecke mich mit ihrer widerlichen Gesundheit an, heimlich und hinterrücks. Als ich ihnen gegenübersaß, mit dem Rücken zur Bar, still ihre Heftigkeit auf mich wirken ließ, stellte ich voll Genugtuung fest, daß ich ausgezeichnet vorgearbeitet hatte. Bestürzt fragte er mich, wie lange ich denn schon da sei. Ich sagte ihm, daß ich gerade erst gekommen sei, und in dem Blick, den sie sich zuwarfen, lag die Frage, wem von beiden ich wohl gefolgt war. Ohne gründlicher nachzuforschen, schien er an den Vormittag zu denken, sie an die Vortage und das Eben, denn sie bewegte einmal die Schultern, so als liefen sie losgelöst auf mich zu, und er rieb sich die Hände, als gelte es, einen Geschäftsabschluß zu bestätigen. In dem Durcheinander der Bestellung und seiner sprudelnden Hilfsbereitschaft fuhr sie sich wie gewöhnlich durch die Haare, vergaß ganz ihre Ringe, legte ihr Gesicht an meine Augen. Für Momente ging von ihr eine Schönheit aus, die um ihre Vernichtung wußte.

Als er Sekt einschenkte, lächelte sie über einen Witz von ihm mir zu, ließ die Lippen nach unten sinken, nachsichtig, womit sie mir die Abgestandenheit seines Witzes bezeugen wollte. Er, seiner Sache sicher, merkte nichts von der beredten Schweigsamkeit seiner Frau, und da ich auf seine Geschichten mit perfekter Höflichkeit einging, glaubte er zu fühlen, daß wir sie verrieten. Er forcierte eine Einheit zwischen uns beiden, die, wie er zu wissen glaubte, keiner Worte mehr bedurfte. Ich animierte sie zum Trinken, und innerhalb kurzer Zeit leerten wir drei Flaschen Sekt. Zwei Stunden später war die Bar überfüllt, und man verschloß die Tür, wodurch sich die Hitze staute, die Musik stampfte. Ich hoffte, daß der Raum berste, sich die Nacht eisern wie Lava des Hauses bemächtige.

Eines Wortes wegen gerieten sie in Meinungsverschiedenheiten, und so, als hätten sie vor mir eine Prüfung abzulegen, kramten sie in uralten Geschichten. In den Kampfpausen, wenn sie schwieg, weil er sie belehrte, ruhten die Augen auf mir, den vermeintlich errungenen Sieg mir hinterbringend. Fast gleichzeitig machten sie eine abfällige Armbewegung auf sich zu, und ich lächelte beide an, als sei der »Sieg« im Verhältnis zu unserem Geheimnis eine Albernheit. Danach tanzte er mit mir, um ihr zu zeigen, daß er doch am längeren Hebel säße, und sie freute sich über seine vermessene Leichtgläubigkeit. Ich legte Hingabe in all meine Bewegungen und sah ihr über die Schultern hinweg in die Augen. Sie trank mir zu, und während sich ihre Lippen um das Glas schlossen, war es, als hätte sie einen Krampf, und ich hörte das Glas an ihre Zähne schlagen. Nach drei Tänzen entließ er mich gönnerhaft und ging in den Waschraum; Schätzchen und ich saßen uns allein gegenüber. Sie betrachtete nun doch versonnen ihre Ringe, drehte sie um die Finger, dann hoben sich ihre Schultern, und sie sah mir unter halbgeschlossenen Lidern in die Augen. Ich spürte, daß sie meinen Blick genoß, tief unter der Haut und körperlich. Einmal stockte ihr Atem, und statt auszuatmen, hielt sie ihn zurück, um sich nicht zu verraten. Statt dessen quoll eine Ader an ihrem Hals an, und ich zeichnete sie mit den Fingern nach, und gerade als sie ihr Gesicht in meine Hand legen wollte, versetzte ich ihr einen leichten Stoß, sagte ihr, daß ich ihre Furcht nachgezeichnet hätte. Erschrocken unterbrach sie ihre Bereitschaft zur Lust, und kaum hatte er den Stuhl angehoben, suchte sie von neuem nach Aufschluß meines Verhaltens.

Er begann wieder, Anekdoten aus seinem Leben zu erzählen, machte seinen Rücken gegen sie breit. Ich ermunterte erneut zum Trinken, stachelte beide gegeneinander auf mit der Frage, wer von ihnen mehr Alkohol vertrage. Er bestellte noch eine Flasche und kippte beweisführend gleich zwei Gläser hinunter. Er hatte das Glas noch am Mund, als ich erst einen Schuh und dann ein Bein spürte, das sich vorsichtig an mein Knie herantastete. Ich sah in die Gesichter, forschte, wer von beiden mich berührte, in meinem Ausdruck schien Ermunterung zu liegen, denn sie zog ihre Hand unter den Tisch, trieb ihre Nägel in mein Fleisch, und fast einer Ohnmacht nahe sanken ihre Augen der Lampe zu. Er redete ohne Pause, und sie benutzte seinen Redeschwall, um sich meinem Körper zu nähern. Ich fühlte mich gallertartig mit ihr verwachsen, und um dem standzuhalten, prostete ich ihnen immer wieder zu.

Dann lenkte ich das Gespräch auf den Wagen und auf seine Fahrkünste. Sichtbar dachte ich an den Morgen, unsere verschwiegene Übereinkunft. Er war glücklich, endlich eine Lösung zu seinen Gunsten herbeiführen zu können, und prahlte mit seinen Fahrkünsten. Sie kicherte in sich hinein, verlor schon ein wenig die Kontrolle über sich. Ich riet ihm, doch den Beweis anzutreten, wies dabei, um ihn zu reizen, auf das ungläubige

Gesicht seiner Frau. Sie lachte los, als habe man ihr endlich einen guten Witz erzählt. Er wechselte unvermittelt in die Rolle des Duldenden über, um keine Pluspunkte zu verlieren. Wir beschlossen, noch eine Flasche darauf zu trinken, daß er in einem gekonnten Fahrstil mehrmals um den Ort kreisen würde. Wir stießen auf die Abmachung an, und dabei ließ sie mich nicht aus den Augen, gab sich erwartungsvoll, weil sie zu wissen glaubte, auch mich drängte es in die Dunkelheit zu der nächtlichen Autofahrt, bei welcher er zwar imponieren konnte, aber doch sehr beschäftigt wäre. Zur Bekräftigung der Wette reichte er mir die Hand und drückte sie, als wollte er meine ›Vorliebe‹ für ihn bestärken.

Gemeinsam erhoben wir uns, bezahlten und ließen uns die Tür aufschließen. Draußen räumte ich ihnen einen Vorsprung ein, damit sie noch Gelegenheit fänden, dem Vorhaben geeint auszuweichen. Sie liefen aber gleich auseinander, schämten sich ihrer langen Zweisamkeit, und er folgte ihr mit ziemlichem Abstand, einen festen Gang einübend, denn er sah, wie sie kegelnd, sich artistisch ausgleichend, dem Wagen zusegelte.

Ich verweilte in der nächtlichen Feuchtigkeit. Die Nacht roch nach Eisen, und wenn sich der Wind regte, war mir, als regnete in den Buchten ein Hagel, der die Felsen aushöhlte und den Ort ganz allmählich und unbemerkt mit dem Meer verband. Das Dunkel umklammerte uns, und nur die Straßenlampen vom Wasser aufwärts fielen wie Notsignale in das Schwarz.

Als ich auf sie zulief, er eifrig an dem Türschloß herumprobierte, zankten sie sich, bei wem ich sitzen sollte. In der Isolierung des Wagens und mit der einsetzenden Wortlosigkeit befiel mich ihre Ahnung von der Zerstörung, die ich bringen könnte. Doch dann suchte mich ihre Hand. Sie glitt seitlich an der Tür entlang, ergriff beherrschend meinen Arm. An dem verbissenen Ringen, das von ihr ausging, merkte er erstmalig den Verrat, und selbstmitleidig steckte er den Schlüssel in das Zündschloß. Er spähte über meine Beine hinweg, versuchte, ihre Hand mit den Augen zu erwischen. Aggressiv warf er den Kopf in den Nacken, säuberte die Scheibe, gab zu verstehen, daß er Manns genug sei, auch ohne unsere Bewunderung, aus Trotz und Männlichkeit, sich in Gefahr zu begeben. Ernsthaft hantierte er an den Schaltern und Hebeln, um mir durch die Vorkehrungen Angst einzujagen. Aber ich legte mich gelöst in den Sitz zurück, belauschte ihr Ersticken, und dabei begann mich ein Verlangen zu erfassen, das ungestillt, in jedem meiner Gedanken, über das Sterben hinaus fühlbar bleiben müßte. Ohne daß sich noch jemand um den anderen kümmerte, begann der Wagen röhrend die ersten Kurven zu nehmen. Lautlos und zäh warf der Schwung sie auf dem Rücksitz herum, und in ihr Schweigen verbissen, versuchte sie bald rechts, bald links einen Halt zu finden. Er verfolgte meine Hand, die sich ruhig dem Armaturenbrett näherte. Wutentbrannt über meine Furchtlosigkeit und die Täuschungen, denen sie beide aufgesessen waren, begann er, Gas zu geben, wobei er tiefer und tiefer in die Polster rutschte, als könnte er die vorbeirasenden Lichter, die Spiegelungen in den Fenstern, die steil abfallende Straße zur Bucht nur wegsehend im Blindflug nehmen. Als der Wagen nach unten schoß, dem Meer entgegen, drehte ich mich um. Sie klebte mit offenem Mund auf dem Rücksitz, die Arme gebreitet, die Finger in die Polsternarben gekrallt. Im Blick berührte sich unser Atem, und ich genoß, wie sie sich verzweifelt wehrte und unter meinen erbarmungslosen Augen litt, die sie an ihr Verlangen erinnerten, das in Haß umgeschlagen war. In der nächsten Kurve wurde ich durch die Heftigkeit der Wendung an seine Seite geworfen, kurzatmig und verbissen rang er mit der Überforderung, raste wieder der Steigung nach, führte mit dem ganzen Körper das Steuer. Sein Gesicht glänzte unter dem Schweiß, und immer schneller und unsicherer werdend bediente er Hebel und Gänge, die sich augenblicks noch vervielfältigten. Auf der nächsten Talfahrt, bei der er schon ein Getriebener des Karussells war, begann sie endlich zu schreien, laut und verzweifelt, ihre einzige Erlösung gegen die Todesfalle. Mit den Fäusten bewaffnet warf sie sich mit ihrem ganzen Körper auf ihn. Da machte der Wagen einen ruckartigen Satz nach oben. In der verlangsamten Fahrt ließ ich mich aus dem Auto fallen. Ich lag auf einem Felsenplateau, eins und selig, vibrierend in der Sinnlichkeit von Stein, Nacht und Chaos.

Plötzlich vernahm ich ein Donnern, das brodelnd im Meer unterging. Nur einmal toste das Wasser, dann schloß es sich, Gischt spritzte an den Felsen, es zischte, und dann war alles wie zuvor. Eine Stille, die nichts anderes kannte.

Ich stand – die Schwingen gebreitet – und vertauschte meinen Kreislauf mit dem des Meeres und der Nacht, fühlte atemlos, wie mein Innerstes allmählich Punkt wurde mit der Unendlichkeit des Nichts. Weit entfernt, am Rande meines Ichs, klangen tastend Schritte, ich hörte ein monotones Weinen, doch ich konnte nicht unterscheiden, ob es seine Stimme oder ihre war.

Sich wegstoßend und hinziehend näherten sie sich

der Girlandenkette des Ortes, nur ab und zu – eingelassen in den Wind – wurde mir ein Laut zugetragen, dann kam die nächste Welle, und ich tauchte wieder in sie bis auf den uferlosen Grund.

# Zurück

In den ersten Tagen des Monats Dezember erreichte mich ein Brief meiner Mutter; ich wußte sofort, daß es sich um Vater handelte.

Ich ging einige Stunden in der Stadt spazieren, um darüber nachzudenken, wie es sein würde, wenn eine ehemalige Insassin einer Krankenanstalt in den Hort zurückkehrte.

Je weiter ich lief, um so sicherer spürte ich den Schmerz, mir entgegenzulaufen, den Schmerz, daß die Zukunft nichts anderes war als eine ewige Vergangenheit, daß ich von meinen Eltern weiter nichts zu wissen brauchte, weil ich durch sie sie geworden, und daß es nichts zu sagen gäbe, weil von uns dreien jeder an jedem Wort des anderen und gegen jedes Wort gewachsen war.

Bevor ich meinen Koffer packte, öffnete ich den Brief. Meine Mutter bat mich zu kommen, da Vater im Sterben liege; sie unterschrieb mit »Deine Dich liebende Mutter«, mehr nicht.

Meine Eltern waren in eine mir unbekannte Kleinstadt gezogen. Ich kaufte mir eine Bahnkarte und nahm den erstbesten Zug. Während der Fahrt las ich immer wieder den Brief. Hilfesuchend fielen die einzelnen Worte in das Papier ein, und vor Angst, die Buchstaben könnten sich verflüchtigen, durch das Papier fallen, war der Brief hastig geschrieben und eilig geschlossen worden. Der Brief übertrug mir die Heimlichkeit ihres Vorgehens, und je länger ich ihn in der Hand hielt, um so schwächer begann ich mich zu fühlen.

Ich zerriß ihn, wobei es war, als wären meine Hände ihre, die aber noch stärker als ihre spürten, daß sie eine Bewegung gegen ihre sonstigen Bewegungen machten: Ihre Hände zitterten, und ich legte sie auf die Beine, heimlich und fremd lagen sie auf dem Stoff des Kleides.

Vom Bahnhof nahm ich ein Taxi. Als ich dem Fahrer die Adresse nannte, sagte er mir, daß es sich um eine Werkssiedlung handelte, die östlich der Stadt angegliedert sei, und man dort überwiegend die Rentner einer Kugellagerfabrik untergebracht hätte.

In Tellerform erhob sich vor mir die Siedlung, umgeben von aufgeworfener Erde, struppigen jungen Bäumen und Holzgerüsten, in denen Baumaterialien lagerten. In der Mitte des eintönigen Platzes drängten sich halbfertige Läden, die schon geschlossen hatten, in den Auslagen surrte Neonlicht, alle Haustüren waren zugeschnappt, die Blocks mit den Zubringerwegen glichen einer Attrappe, einem Irrgarten. Als das Auto in der Ferne verschwunden war, ging ich, um mich zu orientieren, um einige Längsblocks. An den hinteren Seiten, auf ein braches Feld zu, hingen Balkons in der Größe eines Bettes.

Rechts von den Häusern standen in langen Reihen die Mülltonnen, daneben lagen Berge von Zement und Kies. Die ganze Siedlung machte den Eindruck, als hätten sämtliche Bauarbeiter fluchtartig das Feld geräumt. Langsam ging ich die Hausreihen ab, immer wieder von a bis g, suchte den Namen meiner Eltern. Ich drückte auf einen Summer und stieg gesprenkelte Steintreppen hinauf. Durch meine Schritte aufgescheucht, kläffte unten ein Hund, und es hallte wie aus einem Blechkasten.

Von jedem Gang führten fünf Eingänge in die Wohnungen, die sich wie ein Ei dem anderen glichen. Durch das magische Auge traf mich eine Pupille, und nach Prüfung wurde das Vorhängeschloß gelöst, im Haus hallte es wider, dann wurde das Sicherheitsschloß aufgeschlossen, und es öffnete sich die Tür vorsichtig, als fürchtete man einen Hausierer.

Meine Mutter stand im Türrahmen, eine Hand auf dem Rücken, die blonden Haare glatt nach hinten gekämmt und zu einem Knoten gebunden. Sie sagte irgendein Wort, vielleicht den Anfang einer Begrüßung, wischte erschrocken erst die Hände an der Schürze lang und streckte sich dann, fühlte schnell und unbewußt nach ihrem Haarknoten, ordnete den Fußabtreter wieder an seine alte Stelle.

Wir wollten uns die Arme entgegenstrecken, als das verpaßt war, die Hände reichen, und als auch das versäumt war, lief sie quirlend in eines der Zimmer, und ich folgte ihr.

Im Wohnzimmer stand ich unversehens allein, meine Mutter schien hinter einer Tür verschwunden zu sein. Nebenan wurde ein Stuhl gerückt, dann kam sie zurück, legte einen Finger an den Mund; wir schwiegen und setzten uns um den runden Tisch. Die Möbel waren beinahe alle aus der alten Wohnung übernommen worden, nur hier und da blinkte an der Wand oder in einer Ecke etwas Neues.

In der Mitte unseres ehemaligen Frühstückstisches stand eine Blumenvase, vollgestopft mit Plastikblumen, und ich versuchte durch sie hindurch meine Mutter unauffällig zu betrachten. Sie legte die Hände auf den Tisch, machte mit dem Kopf eine halbrunde Drehung wie immer, wenn sie irgend etwas prüfen oder in Augenschein nehmen wollte, und gerade, als ihr Kopf wieder in die alte Stellung ging und sie fragen wollte, polterte ein Gegenstand an die Tür.

Getroffen schoß meine Mutter empor, gab mir durch eine abwehrende Geste mit der Hand zu verstehen, ich solle Ruhe bewahren; dann verschwand sie geisterhaft wieder im Nebenraum. Nebenan trippelte jemand hin und her, dann raschelte Papier, wurde ein Blechgefäß umgerissen, Flüssigkeit in ein Glas geschüttet, und meine Mutter kehrte zurück, mit dem Rücken zu mir gewandt. Ich folgte ihren Bewegungen, während sie die Tür zum Nebenzimmer schloß. Mit beiden Händen den Türgriff umklammernd, zog sie die Tür überaus vorsichtig bis in den Rahmen, und mit der Klinke, die schon längst gedrückt war, ging ihr ganzer Körper im lautlosen Einklinken mit nach oben. Dann drehte sie sich in den Raum, und so als wollte sie sich endgültig und ausschließlich meinem Besuch widmen, lief sie zielstrebig in die Küche, horchte zuvor noch einmal kurz an der Tür, und als sie nichts hörte, setzte sie in der Küche Wasser auf.

Ich sah ihr zu, wie sie sprungbereit, die schmalen Schultern im Lauf, leise das Service herausstellte, und ich wollte sie streicheln, hatte aber Furcht, ihre Schultern zu verpassen.

Als hätte sie meine Gedanken geahnt, lächelte sie verlegen vor sich hin, und es hatte den Anschein, als schäme sie sich des überhöhten Geschenks.

Beim Heraustragen des Geschirrs stellte ich fest, daß sie mir drei Tassen und drei Teller mitgegeben hatte. Ich brachte das eine Gedeck in die Küche zurück, stellte es auf den Tisch. Ich trat ans Fenster, blickte hinaus auf eine kahle Fläche, die einem Trennungsgürtel zwischen Stadt und Siedlung gleichkam. Vielleicht wuchs im Sommer etwas, jetzt aber war der Boden dunkelbraun und klumpig, eine verharschte Erdlandschaft, über die der Wind pfiff und dann schleusenartig um die

Häuser geleitet wurde, so daß andauernd Türen und Fenster klapperten. Meine Mutter, die meinem Ausblick folgte, bemerkte, daß die Häuser im falschen Winkel erbaut worden seien, und es käme nicht selten vor, daß die alten Menschen bei starkem Wind im Schleusenhof unter den Strudeln zusammenbrächen. Dabei trug sie heimlich, ihre ersten Sätze als Tarnung benutzend, das dritte Gedeck wieder heraus und stellte es auf Vaters Platz.

Und während ich weiter in die Öde sah, weit hinten eine Straße ausmachte, auf der inzwischen erste Autos mit Licht fuhren, fühlte ich ähnliche Schmerzen wie früher, nur die Furcht vor ihm war aufgelöst, dafür empfand ich für sie ein tiefes Mitleiden, und ich litt darunter, daß ich dieses Gefühl nicht umwandeln konnte. Und als spürte sie meine Beschäftigung mit ihr, vollführte sie, beständig hin und her eilend, unzählige Handgriffe, daß ich befürchtete, sie arbeitete sich in ein Knäuel ein.

Als wir uns beide an den liebevoll gedeckten Tisch setzten, blieb sie eine Weile vor dem Stuhl stehen, wartete, damit ich sehen konnte, daß sie die Schürze abgelegt und die Haare neu gesteckt hatte; meiner Aufmerksamkeit gewiß, ließ sie sich langsam nieder, lehnte sich in den Stuhl zurück, als genieße sie für Sekunden intensiv das Eigentum ihres Lebens. Doch gleich wieder, eigentlich ganz gewohnheitsmäßig, ordnete sie den Teelöffel zu Vaters Tasse, und in derselben Sekunde saß sie nur noch auf Abruf. Sie erzählte im Flüsterton von der neuen Wohnung, zeigte auf verschiedene Tischchen und Lampen, die sie gekauft hatten; erzählte, daß sie sich hier sehr allein fühle, aber da sie von morgens bis abends zu arbeiten hätte, fiele es ihr nicht auf. Lange bezwang sie mich mit diesem bedeutungsvollen Ausdruck des Duldens, und ich ließ sie in dem Glauben, daß sie zu beneiden wäre.

Meine Mutter hatte gerade die Lippen an der Tasse, da flog ein harter Gegenstand an die Tür – ein Schuh vielleicht. Augenblicklich beugte sich ihr Oberkörper nach hinten der Tür zu, so als wollten sich die Beine dafür entschuldigen, daß sie noch nicht liefen. Dabei entdeckte ich erstmalig ganz deutlich die tiefe Rille um ihren Hals, da, wo sie seit Jahrzehnten die Reißleine trug.

Gleich darauf flog ein zweiter Gegenstand, und im Zimmer selbst wurden Sachen herumgeworfen. Ich dachte an einen Stierkampf, vielleicht war es auch der Todeskampf, und ich bat deshalb meine Mutter, mitkommen zu dürfen. Sie stand schon vor der Tür, und ihre Bestürzung drückte aus, daß er meinetwegen sofort aus Wut sterben würde.

Von nebenan überfielen mich die gräßlichsten Geräusche, und als ich sie nicht mehr ertrug, duckte ich mich an die Tür und öffnete sie unhörbar. Ich sah nur die beiden stöckligen Beine meiner Mutter, die sich in den Boden krampften, während sie ihren Oberkörper meinem Vater vornübergebeugt hinhielt, damit er sich daran aufrichten konnte. Vater hatte die Arme um sie geworfen – ich dachte an ein Lasso – und wühlte sie in die Kissen ein, wobei sein Körper, wie von einem Kran nach oben gewunden, aus den Kissen wuchs. Auf einmal entdeckte er mich, und als wollte er mit den Schaudern des Ekels allein gelassen werden, stieß er sie beiseite und sank mit herausgetretenen Augen still in die Kissen.

Meine Mutter stürzte sich auf mich, wollte mich aus der Tür drängen, doch ich blieb stehen und beobachtete teilnahmslos seinen Kampf. Er lag brettartig im

Bett, in wächserne Blässe getaucht, unfähig, seinen Widerwillen auszudrücken und den Körper auch nur einen Millimeter zu bewegen. Dann spreizte er sich unter dem Druck des Hasses, wobei die Lampe auf dem Nachttisch zu Boden klirrte, mit den Armen fuchtelnd glitt sein Oberkörper der Lampe nach.

Wutrot im Gesicht wehrte er meine Hilfe ab; vornübergefallen klammerte er sich in dem Rock meiner Mutter fest, und wie einer, der im Brunnen liegt und an dem Fallstrick reißt, bettelte er um Aufzug. Erschöpft hievte sie ihn zurück in sein Bett, wobei er in die Blässe zurückfiel und sie blaurot anlief. Sobald er wieder in der alten Stellung lag, drückte er meiner Mutter die Faust an die Brust und drehte sich zur Wand. Und wieder sah ich, wie ihm jedes Haar abstand, rings um seinen Hals, ich sah, wie er die Halskrause lockern wollte, hörte sein flaches Atmen.

Später saßen wir beide schweigend im Wohnzimmer, blickten auf das Fensterglas, hinter dem sich sacht eine dunkle Wand aufbaute, lauschten den Windwehen über das Feld her – auf das Haus zu. Von den Nachbarwohnungen war das Ausknipsen von Lichtschaltern zu hören. In einem günstigen Augenblick, wie ich meinte, sagte ich meiner Mutter vorsichtig, daß sie doch noch recht jung sei und daß sie dann – ich blieb ganz vage – noch einmal beginnen könne. Sie lächelte mir zu, als wären meine Worte unbegreiflich, als habe sie nichts verstanden, nickte aber mit dem Kopf, beschämte mich wieder mit diesem entsetzlichen Ausdruck von Demut, und ich machte mir Vorwürfe über meine Plumpheit, ließ sie deshalb wieder in dem Glauben, sie sei zu beneiden.

Gerade als meine Mutter aufstand, an eine Kommode gehen wollte, um Fotos zu holen, wurden nacheinander Gegenstände an die Tür geworfen. Ich dachte, sie würde sofort wieder zu ihm eilen, doch sie machte eine Augenbewegung, die mir anzeigte, daß es nichts auf sich habe und daß es sich um etwas völlig Normales handele. Nebenan polterte es jetzt pausenlos, es klang, als schlüge jemand mit einem Stock auf einen Hocker.

Wir rückten zusammen unter die Deckenlampe, und ohne ein Wort über Vater breitete sie Fotos vor mir aus. Selten hatte sie mir so nahe gesessen, und wieder verspürte ich den Wunsch, die Arme um sie zu legen, schaffte es aber nicht, weil ich sie meine Verzagtheit nicht spüren lassen wollte. Doch ohne daß wir beide auch das Geringste tun konnten, fühlten wir uns, nur aus der Tatsache heraus, demselben Geschlecht anzugehören, als Verbündete, und unsere Zuneigung füreinander siedelte sich in den Regionen zwischen Mitleiden und Wehmut an. Ich sehnte mich danach, alles abzuschütteln, die Beklommenheit niederzudrücken, sie mit Ausbrüchen zum Erliegen zu bringen.

Ich griff nach einem Foto, auf dem wir drei abgebildet waren. Meine Mutter saß auf einem Sessel, den Kopf erhoben und meinem Vater zugeneigt, der aufrecht neben ihr stand, die rechte Hand in die Jacke geschoben, die linke auf der Bügelfalte. Gleich einem Unkrautgewächs hockte ich an seinen Füßen, hielt die Hand meiner Mutter fest, folgte ihrem Blick in die Höhe, so als wollten wir beide geeint im Blick aus der Schattengrenze in das Licht wachsen.

Dann legte sie die Fotos wieder in ein Album, und als sie die Schublade in das Holz schob, war mir, als lausche sie bewußter als sonst, verweile bei dem Krach aus dem Nebenraum, schicke sich an, sich endlich eine Auflehnung zu gestatten. Doch gleich darauf huschte sie zur Tür, horchte, und ich sah ganz deutlich, daß sie die Stockschläge auf sich niedergehen wußte und sich wieder dieser Ausdruck von Demut breitmachte.

Auch als sie die Tür zu seinem Zimmer öffnete, in dem es schon dunkel war, klopfte er unentwegt weiter. Sie wusch danach lange ab, wischte die Küche, räumte das Wohnzimmer auf. Dabei vergaß sie mich, und ich beobachtete vom Sessel aus, wie sie an ihrer Schnur herumlief, immer im Kreis, den Hals gereckt, damit ihr jedes Korrigieren des Laufs übertragen wurde.

Am nächsten Morgen war mein Vater tot. Es schneite zum ersten Mal, die Flocken schwebten wirbelnd auf die Fenster zu, die weiße Landschaft glich einer unbewohnten eintönigen Endlosigkeit, als habe sich das Wolkenmeer im Austausch der Erde bemächtigt.

Meine Mutter hockte an seinem Bettrand, wuchs mit ihren Enden zusammen, gab kein Anzeichen irgendeiner Rührung, einer Bewegungsänderung von sich. Ich konnte ihr Gesicht nicht sehen, nur die Färbung an ihrem Hals ähnelte Vaters Gesichtsfarbe, der Knoten war unordentlich, und ihre Kleidung verriet, daß sie die Nacht am Bett verwacht hatte.

Später wurde mein Vater gewaschen und hergerichtet, dann kam der Sarg, und meine Mutter dienerte um ihn herum ohne einen Ausdruck von Leben oder Sterben.

Nachdem der Sarg abgeholt worden war, scheuerte sie von oben bis unten die Wohnung, wusch die Gardinen, putzte in der eisigen Kälte die Fenster, bezog sein Bett neu, warf eine bunte Decke darüber und ließ Tag und Nacht seine Zimmertür offen, wodurch ein kalter Luftstrom in das Wohnzimmer zog.

Einige Tage später fand die Beerdigung statt. Schweigend überquerten wir einen Teil des schneeigen Feldes;

links neben der Straße, etwas überhöht und umgeben von einem bröckelnden Steinwall, lag der Friedhof. Es war frostkalt und zugig, ich hielt mich abseits, während meine Mutter, die Hände um eine schwarze Handtasche gewickelt, zwischen Steinplatten stundenlang auf die niedergeschüttete Erde stierte, unfähig, sich vom Grab wegzubewegen, so als habe man vergessen, die Leine von ihrem Hals zu lösen.

Kein Mensch war mehr anwesend, und ich ging bis an den Rand des Friedhofs, wo sich der Wind sammelte, folgte dem Lauf des Windes, der von hinten über die Ebene fuhr und blattlose Büsche und Sträucher knickte – daß sie aussahen wie kauernde Frauen –, dann nach oben in hohe Bäume fuhr, aus denen er Blätter herausriß, die dürr und klappernd heruntere wehten.

In der frühen Dunkelheit gingen wir nebeneinander nach Hause, und weil ich wußte, daß sie noch mit der Fremdheit des Schmerzes zu kämpfen hatte, nahm ich ihren Arm und führte sie. Ich litt für sie den Schmerz, daß sie niemals gelernt hatte, andere zu lieben, und weil ihr meine Nähe nichts geben konnte, drückte ich sie an mich. Meine Gefühlsregung machte sie so unbeholfen, daß sie heftiger in die Trauer floh, sich wieder in ihre Handtasche verheddertte.

Am nächsten Morgen stand sie um sieben Uhr auf, säuberte systematisch stundenlang die Wohnung. Ich hörte sie immerfort bücken, knien und herumrutschen, Wassereimer schleppen und Wäsche einweichen. Später frühstückten wir zusammen, wobei sie genauestens darauf achtete, wann ich fertig war, um sofort wortlos das Geschirr in die Küche zu tragen und abzuwaschen. Dann begann sie, Kartoffeln zu schälen und das Essen vorzubereiten. Mit erhitztem

Kopf stand sie in der Küche, ermüdet von der Vormittagsarbeit. Ich wagte nicht, sie zu unterbrechen, denn ich fürchtete, ihr Herz – verkrampft von einem Marathonlauf – würde stillstehen ohne den Fortlauf der Bewegungen. Nur am Nachmittag ruhte sie eine Stunde. Sie zog die Schuhe aus, hob die Füße auf das Sofa, und glücklich über diese Erlaubnis faltete sie die Hände über der Brust, und ich glaubte zu hören, wie ihr Fleisch von den Knochen fiel, sich weich und haltlos um sie legte.

Nach dem Schlafen machte sie sich über die Wäsche her oder stand manchmal eine halbe Stunde im kalten Hausflur, schrubbte die Treppen so lange, bis die Sprenkel in den Fliesen leuchteten.

Abends, wenn alles erledigt war, wir beide an dem runden Tisch saßen und ich ein Gespräch beginnen wollte, merkte ich, daß ihr die Augen zufielen und sie sich in Gedanken mit dem Plan für den nächsten Tag beschäftigte.

In den darauffolgenden Tagen, als die Arbeit ein wenig nachließ, entdeckte ich, daß sie mitunter zwei- bis dreimal dieselbe Tätigkeit verrichtete. So ging sie zum Beispiel an die Kommode, holte eine neue Tischdecke heraus, entfaltete sie umständlich, leerte den Tisch, trug jeden Gegenstand einzeln auf einen anderen Tisch, ließ die Decke auf die Platte sinken, fuhr lange mit den Händen über die saubere Fläche, ergötzte sich daran, stellte alle Kleinigkeiten auf der Decke ab, zupfte noch an den Zipfeln des Tuches und kontrollierte den Fall der Decke. Ganz in Gedanken – der Arbeit hingegeben – begann sie dann neuerlich, die Gegenstände abzuräumen, hob noch einmal die Decke ab, schüttelte sie in einen besseren Fall, glättete sie wiederum auf dem Tisch und trug die Gegenstände auf die frische Oberfläche. Dann stand sie meistens lange vor der Schublade, hielt ein Bündel Fotos in der Hand, so als erwarte sie aus den Bildern neue Anweisungen.

Einmal in der Woche erhielt sie eine Zeitung, die bis nach dem Erholungsschläfchen am Nachmittag herumlag. Mit der Zeitung in der Hand ließ sie sich in einem Sessel nieder, machte es sich dort so ungemütlich wie nur möglich, saß in der Mitte der Fläche wie auf einer Lehne, das rechte Bein hing verrenkt vom Sessel, während sie sich bemühte, ein paar Sätze aufzunehmen. Ich vernahm immer nur ein Blättern und Rascheln, und ungelesen zerwühlt glitten die Seiten herunter. Umständlich sammelte sie dann Blatt für Blatt vom Boden auf, stopfte sie in den Mülleimer, den sie gleich über den Hof entleeren ging.

Nach dem sechsten Tag fuhr sie mit dem Bus in die Stadt, kaufte dort Saatgut für das Grab, drei verschiedene Vasen, kleine Heiligenbilder, Plastikeimer und mehrere handliche Rechen und eine Schaufel. Nun ging sie jeden Nachmittag um dieselbe Zeit an das Grab, wodurch ihr mindestens zwei Stunden täglich verlorengingen. Seitdem stand sie morgens so früh auf, daß ich manchmal gezwungen war, das Frühstück allein einzunehmen, weil sie sich anschickte, die fehlenden Stunden bis zum Nachmittag einzuarbeiten.

Vom Fenster aus begleitete ich die schwarzgekleidete Gestalt mit dem Wollschal um den Kopf, den klappernden Eimern und dem Rechen in der Hand, dem Wind trotzend; und die gesamte Haltung, der Rücken mit dem eingezogenen Kopf, trugen dieses Gesicht der Demut, eine Demut, die uns immer tiefer trennte.

Am Tag meiner Abreise ging ich ihr nach auf den Friedhof. Auf dem Grab lag eine feste Eis- und Schneedecke, ihre Vasen waren umgekippt, die Zweige lagen verstreut, die Bilder waren zugeschneit, und während sie die Decke weghackte, die Erde aufschaufelte, trieb ihr der Wind die Brocken immer wieder auf das Grab, so daß sie die Klumpen einsammelte und eimerweise an das andere Ende des Friedhofs schleppte.

Angestrengt von der Arbeit hielt sie einige Momente inne, blickte in die Höhe über den Friedhof, daß ich vermutete, sie würde mich sehen, und sie hätte mich bemerken müssen – aber es war anscheinend nur der Körper, der sich entspannte, während ihre Augen die Erde nicht verließen.

Als ich mich zum Ausgang wandte, trat ich auf einen Ast, der knackend zerbrach, und sah, daß sie sich verstört aufrichtete und die nächste Umgebung absuchte, dann aber feststellte, daß nichts gewesen sein konnte. Sie beugte sich zur Erde, und durch das Hacken, das Abkratzen des Grabsteins, hörte sie nicht, wie ich mich durch die Eisenpforte davonmachte.

# Jetzt

Nach dem Tod meines Vaters reiste ich monatelang herum, ziellos und wahllos.

In der ersten Zeit erlebte ich die Reise als Jagd: Ich reiste im Auftrage eines Polizisten, der einem Steckbrief folgt, aber immer weiter und tiefer kam ich von der Fährte ab; wohin ich mich auch wandte, der Steckbrief war heruntergerissen, vergilbt, und das Bild verlor sich von Tag zu Tag mehr in die Vorstellung, und die Vorstellung verlor von Tag zu Tag mehr an Kontur und Antrieb, so daß ich das Gefühl bekam, mein Vater würde mich einer allerletzten Strafe unterziehen, unaufhaltsam spüren zu müssen, daß meine Vergangenheit aus mir herausfiele, unaufhaltsam, wie ein Baum seine Blätter verliert. So begann ich immer tiefer unterzutauchen, auch unter mich selbst.

An meine Mutter hatte ich einige Briefe geschrieben, aber da ich an keinem Ort blieb, konnte mich ihre Antwort niemals erreichen.

Noch einmal wollte ich die werden, die ich geworden war, und ich fuhr an einem Wochenende in die Siedlung meiner Mutter. Es war Samstag, die Geschäfte hatten noch geöffnet, und die Anwohner liefen aufgeregt ihren Einkäufen nach und bemerkten mich nicht. Mittags wurden die Textilien und Gemüsesorten in die Läden hineingefahren, die Geschäfte abgeschlossen, die Gitter heruntergelassen, und die Verkäufer strebten ihren Wohnungen zu, die rings um das Einkaufszentrum lagen.

Eine Mittagsschlafstille setzte ein, und ich ging den Platz mit den Steinplatten entlang um das Haus herum.

Es war ein üppiger Frühlingstag, die Erde frisch umgegraben, im Abstand von jeweils zehn Metern waren junge Bäume gepflanzt worden, die an einem Stock in die Höhe wachsen sollten. Die große öde Fläche hinter dem Haus an der Hausseite, an der die Balkone hingen, war schon zugebaut; gleich hinter den dünnen Bäumen türmte sich ein anderes Siedlungshaus auf, dann wieder eines und noch eines, die dem ersten bis auf die Farbe genau glichen.

Ich ging in das neue Haus, in den zweiten Stock, und betrachtete vom Treppenfenster aus das Haus meiner Mutter. An den Fenstern hingen milchweiße Gardinen, die in dichten Falten zusammenfielen, so daß ich wenig erkennen konnte. Auf dem Balkon lagerten Besen und Schaufeln, eine Holzkiste mit Schuhen und Gartengeräten. Vor dem Fenster wuchsen frische Blumen aus einem Plastikkasten in lila, gelb und rot.

Nur einmal bewegte sich die Gardine, und ich hoffte, sie würde die Fenster öffnen; aber sie verweilte nur kurz, ein paar Sekunden, dann entfernte sie sich in den Raum hinein. Ich erkannte gerade noch, daß sie die Haare offen trug und ein unifarbenes Kleid anhatte. Ihr Gesicht konnte ich nicht ausmachen, aber je länger ich hinsah, um so deutlicher glaubte ich es zu sehen; es waren aber nur schwarze Punkte, die vor meinen Augen tanzten.

Immerzu versuchte ich mir vorzustellen, was sie da drinnen machte und was sie dachte in dieser milchigen tiefen Tiefe. Es war mir jedoch unmöglich, etwas anderes in sie hineinzudenken, als das, was ich immer beobachtet hatte und was ich von ihr kannte.

Ich wurde so müde und traurig, daß sich kein Geheimnis um sie herum herstellen und denken ließ, daß ich die Treppen zurückging, das Haus verließ und den Weg zum Friedhof einschlug.

Hierher kam sie jeden Tag. Aber nicht einmal den Weg konnte ich nachgehen, da sich Erdloch an Erdloch auftat, mit Betonfundamenten, Drahtgestrüpp und Zementmischern, bis zur Hauptstraße hin. Die vielen Fußwege waren aufgeweicht und verschlammt, und sie tat mir leid, weil sie sich täglich diesem beschwerlichen Gang aussetzen mußte.

Der Friedhof stand in Rhododendron-, Rosen- und Ginsterblüte. Am Eingang die neuen Gräber, mehrere Kränze mit Namen auf einem Erdhügel, über ihn gebeugt einige Leute in Schwarz, die miteinander durch Taschentücher flüsterten und Scherpen richteten. Sie grüßten mich freundlich, als hätten sie dem Toten, vor dem sie Wache hielten, einen letzten Wunsch zu erfüllen.

In der Nähe der Abzäunung gegen die Straße fand ich das Grab meines Vaters. Auf dem Kranz unter einem Glas war ein Foto angebracht; an den Rändern begann es braun zu werden, eine Bräune, die sich schon bis zum Kinn ausdehnte. Ich bückte mich, um in sein Gesicht sehen zu können. Es hatte nicht die geringste Ähnlichkeit mit dem Steckbrief, dem ich so lange nachgereist war. Das Foto kannte ich. Es war ein Bild, das uns beide, Mutter und mich, zeigte, an Vaters Seite aufgestellt. Wir beide waren abgeschnitten, nur von Mutter konnte ich die Hand im Arm meines Vaters erkennen.

Der Gedanke, daß es offensichtlich nicht ein einziges Bild gegeben haben mußte, das meinen Vater allein darstellte, rührte mich. Ich hockte so lange vor dem Foto, bis mir die Beine zitterten. Immer wieder besah ich die

Hand meiner Mutter: eine feingliedrige Hand mit einer starken Ader in der Mitte, die Nägel lang und rund gefeilt; die Finger deuteten nur eine Berührung an, sie ruhten so behutsam auf dem Arm, als hätte mein Vater unter dieser Stelle des Anzugs eine offene Wunde.

Es war die rechte Hand; ich sah es am Ring, den sie, solange ich sie erlebte, nicht ein einziges Mal abgezogen hatte.

Auf dem Gesicht meines Vaters lag der Ausdruck eines kleinen Angestellten, der sich nach oben gearbeitet hatte und nun vor einer hohen Versammlung, halb stolz, halb beschämt, sein Lob auf sich selber sprechen mußte. Unter der kräftigen Stirn die Augen streng und punktierend, auf Entferntes geheftet, gewohnt, um sich Dickicht zu roden, darunter der Mund, zugeschlossen mit nach vorn geschobenen Lippen. Von dem Gesicht ging so wenig Ausdruck und Leben aus, als wäre es erst nach seinem Tod aufgenommen worden. Lange sah ich in die Augen, als könnten sie mir endlich den Schlüssel zu mir geben, mir beantworten, warum ich ihn und seinesgleichen nicht annehmen konnte. Es ging aber nichts von ihnen aus, sie trafen mich nicht mehr, nicht meine Augen und nicht mein Innerstes; es schien mir vielmehr, als stünden vor seinen Augen noch einmal seine Augen und davor wieder nichts anderes als noch einmal seine Augen, die, immer weniger anderes sehend, immer stärker ihr Selbst sehen.

Bei dieser Vorstellung ergriff mich plötzlich ein heftiger Schmerz, als müßte ich von ihm – dem Toten – doch noch erkannt werden, einmal nur, für den Bruchteil meiner Person, mit derselben Verzweiflung und Aussichtslosigkeit, die mich geprägt hatten. Ich erhob mich hastig, suchte für meinen Blick und den Schmerz einen Fluchtweg.

Die Sonne senkte sich gerade hinter die Friedhofs-
kapelle und zog sacht den endzündeten, dunkelroten
Himmel mit sich hinab; das leuchtende Grün der Büsche rund um den Friedhof wurde dunkel und stumpf.
Ich ging den schmalen Pfad entlang unter den Büschen,
wo es unterirdisch kühl war.

An seinem Ende entdeckte ich ein neues Grab. Eine
junge Frau kniete davor und weinte in ihre Stoffhand-
schuhe, ihr Kind spielte nicht weit davon entfernt mit
der Puppe Beerdigung; ab und zu rief es herüber:
»Schau, Mama – jetzt ist sie ganz tot – schau!«

Während ich mich leise entfernte, den Weg wieder
zurückging, hörte ich sie aufschluchzen, dann verschloß der Wind die Geräusche in dem Gang der Lau-
ben.

Wieder kam ich am Grab vorbei und suchte die Spu-
ren von Mutters täglicher Arbeit; da bemerkte ich erst,
daß das Grab von den Seiten her in eine Verwilderung
einging, nur in der Mitte – in einem gepflegten engen
Kreis – hatten sich noch drei Blumen erhalten, die aus
einem vertrockneten Blumentopf wuchsen; ansonsten
wurde das Grab immer mehr zum Gehweg niederge-
trampelt.

Ich erschrak so sehr, daß ich fast rennend den Friedhof verließ. An der Hauptstraße nahm ich mir ein Taxi,
ließ mich zum Bahnhof fahren, holte meinen Koffer
aus dem Schließfach und suchte mir gleich neben dem
Bahnhof, in einem kleinen Hotel, ein Zimmer.

Es war ein ländliches Gasthaus, das, eng an den
Bahnhof gedrückt, eine Front gegen die Werkssiedlun-
gen und die Kugellagerfabriken bildete.

Die Wirtin führte mich nach oben in den zweiten
Stock und zeigte mir mehrere Zimmer, von denen ich
mir eines aussuchen durfte. Die Räume glichen einan-

der, sie waren feucht und düster, an den Wänden eine weinrote Tapete mit Blumenkelchen, zwei Betten, ein runder Tisch unter dem Fenster, an einer Wand Fotos von den Festveranstaltungen des Ortes aus der Zeit, als das Gasthaus und der Bahnhof noch Mittelpunkt der ländlichen Gemeinde waren.

Sie erzählte mir, daß an den Wochenenden ihr Hotel ausgestorben sei, da Reisende hier kaum haltmachten und die Vertreter für die Kugellagerfabriken erst wieder ab Montag zu erwarten seien.

Nachdem sie mich eine Weile ratlos gemustert hatte, ging sie die Treppen wieder hinunter; ich hörte sie Selbstgespräche führen, sie tadelte offensichtlich den Zustand des Treppenhauses. Danach wurde eine Tür zugeworfen, und ein Topf fiel auf den Steinfußboden.

Ich öffnete das Fenster und lehnte mich hinaus. Vor mir der verschlafene Bahnhof in gelblichem Licht, einige Reisende neben ihren Gepäckstücken, ein Schaffner, der sich mit einer Frau unterhielt. Dann schlossen sich klingelnd die Bahnschranken, und ein Zug fuhr an. Danach waren die Menschen verschwunden, auch der Schaffner, nur das Licht blieb übrig, das jetzt durch die Stille, die über dem Bahnhof lag, schwächer wirkte.

Immer wieder wanderten meine Gedanken irritiert zu meiner Mutter, die nicht weit von mir entfernt wohnte. Auch während ich mich wusch und umzog, ließ die Spannung nicht nach, sondern steigerte sich in eine kopflose Unruhe, als sei ich um die ganze Erde gereist, nur um einer Liebe auszuweichen, nähme mir am entlegendsten Ort ein Zimmer und würde in diesem Zimmer an der Wand nichts anderes entdecken – als ein Foto gerade dieses Menschen. Die Irritation hielt mich so gefangen, daß ich ganz mechanisch nach unten in die Gaststube ging, ein Bier und etwas zu Essen bestellte.

In der kalten Stille der Gasträume und der langen Zeit des Wartens versuchte ich mich zu beruhigen, indem ich mich ganz dem hingab, was ich hörte: das Surren des Lichtes im Musikautomaten, die kreiselnden Wasserbewegungen um den Zapfhahn, die klatschenden Tropfen des Bieres auf Messing, das Hin- und Herschieben von Töpfen aus der Küche, das Brüllen der Kühe aus dem angrenzenden Stall, so lange, bis ich den Wirt die Haustür hereinkommen hörte, um Milchkannen abzustellen, neben ihm eine Dogge, die im Sprung die Klinke niederdrückte und wedelnd um mich tänzelte. Er öffnete die Tür, rief nach dem Hund, sah mich und fragte, ob ich ganz allein sei; ließ dann sein Befremden an dem Hund aus, indem er ihn an seinem Hautfell um den Hals packte und hinauszerrte. Draußen vernahm ich einen Wortwechsel, bis die Küchentür zugeknallt wurde. Während des Essens lösten sich beide ab, um mich mit Blicken auszufragen; sie trugen ihre Fragen ratenweise nach draußen, wobei sie jedesmal etwas mitnahmen, was sie nicht brauchten.

Nach dem Essen nahm ich den Schlüssel vom Holzbrett und ging ins Freie. Eine warme Feuchtigkeit stieg von der Erde in Schwaden dem Himmel zu, der noch von hellen Flecken durchzogen war, bevor er sich langsam in ein Grauschwarz einschloß. Die Blüten an Bäumen und Sträuchern leuchteten jetzt besonders weiß, in ihnen versammelten sich die Vögel, und es war ein Tonschwirren in der Luft, als wollten sie sich gemeinsam gegen die niederfallende Dunkelheit zur Wehr setzen.

Ohne daß ich es steuern konnte, zog es mich immer weiter auf die Siedlung zu, die am Ende der Baumstraße nackt und beleuchtet vor mir aufstand. Leise ging ich in die Mitte des zementenen Platzes und setzte mich etwas abseits von zwei flackernden Neonlampen auf eine Bank. So konnte mich niemand sehen, ich aber alles wahrnehmen.

Hier wurde die Umgebung jahreszeitlos: in Schwarzes hochgebauter Zement mit erleuchteten Luken, die sich von der Dunkelheit bedrohen ließen, und der Wind, der wirbelnd aus den verschiedensten Ecken der Siedlungshäuser hervorschoß, war einige Grade kühler und roch nach Schmieröl und Abfall aus Mülltonnen.

Ich schlang meine Arme um mich, denn mich fröstelte, sah aber unverwandt auf das Küchenfenster meiner Mutter. Es brannte Licht, obwohl sie nicht im Raum war. Auch das war anders.

Vor dem Fenster stand ein Wassertopf, er drückte die Gardine an das Fenster, Dampf stieg von ihm auf. Bald wird sie ihn wegnehmen und den Wasserfleck auf der Scheibe abwischen.

Kein Mensch war außerhalb der Häuserblocks, aber zwischendurch wehte mir der Wind immer wieder ein Wort herüber. Es störte mich, denn ich wollte ganz in der Stille sehen und durch nichts abgelenkt werden. Plötzlich wurde im Badezimmer Licht gemacht, eine Gestalt erschien als Schatten am Fenster – und eine zweite Gestalt lehnte im Türrahmen.

Ich erschrak wieder; und dann – ganz deutlich – ein Auflachen, die Vorhänge wurden blitzartig zugezogen, jeden Blick aussperrend, und die Tür fiel ins Schloß.

Nach einer Pause das Wasserrauschen; und als die Tür aufging, trieb mir der Wind noch einmal ganz deutlich und gut hörbar wieder ein Lachen herunter – ein Lachen, das als Freude einen Berg abwärts kugelte. Nun wurde es wieder dunkel, ich hatte nur noch das Licht in der Küche, an das ich mich klammerte wie eine, die heruntergestoßen werden soll, in einen Abgrund, der sich in ihr selbst auftut.

Ich saß in eisiger, atemloser Stille in mir, wagte mich nicht zu bewegen und versuchte fortwährend, die Bilder, die ich von mir hatte, und die wechselnden Bilder meiner Mutter in Einklang zu bringen. Je mehr ich aber nachdachte, um so mehr zerbrachen meine Erinnerungen wie Glas, das zu Boden fällt, und ich fühlte wieder nichts anderes in mir als jene nervöse Leere, die jetzt an Stelle meines alten Leidens trat.

Der Mond stieg auf in einem riesenhaften Nebelhof und warf eckige Schatten zwischen die Häuser, die auf mich zuwanderten, und ohne daß ich mich wehren konnte, begann ich zu weinen.

Meine Augen hielten sich immer noch am Küchenfenster fest, an dem ich jetzt noch einmal zwei Schatten ausmachen konnte, hörte aber nichts, weil die Tränen aus mir herausflossen, als würde der Mond alles Wasser aus mir ziehen.

Zum ersten Mal in meinem Leben empfand ich eine so trostlose Einsamkeit, daß ich aus dem Innersten nach meiner Mutter rief, und merkte, daß ich zum ersten Mal ihren Vornamen nannte, der tief unter dem Bild, zu dem ich sie gemacht hatte, verschüttet lag.

Wehrlos mir ausgeliefert, saß ich stundenlang auf der Bank, mit ihr Herzklopfen an Herzklopfen; ich weinte mich immer weiter aus meinem Wald heraus, daß ich fror und zitterte, als hätte er mich beschützt. Dennoch war ich so gefesselt von dem, was sich in mir tat, daß ich verpaßte, wann das Licht in der Küche gelöscht wurde. Als ich irgendwann auf die Fenster blickte, war die Wandseite in Dunkel gefallen, nur im Parterre neben dem Treppenaufgang brannte noch ein Licht, ansonsten war von den Häusern nur noch ihr Schatten als

Umriß sichtbar. Ich ging langsam und mir fremd in Richtung meines Hotels.

Die Nacht und die Natur waren jetzt unter sich und ließen mich nichts anderes hören als meinen eigenen Schritt, meinen angstvollen Atem, nur die blütenmähnigen Bäume rauschten, obwohl es fast windstill war.

Auf dem langen Nachhauseweg wurde mir klar, warum ich immer wieder Sehnsucht nach den alten Schmerzen verspürte, warum ich mich immer wieder ähnlichen Situationen aussetzte: weil der bekannte Schmerz leichter zu ertragen war, als die Wiederholungen aus mir herauszuschütten und mich zu erneuern; so war ich die ganze Zeit als Bettler herumgelaufen, der seine abgetragenen Sachen immer noch einmal erbettelt. Dabei war mir, als würde etwas oder jemand hinter diesem Gedanken aufstehen und mich hineinstoßen in mein eigenes Erwachsenwerden. Ich fühlte mich so verlassen, daß ich mich zu den Kühen in den Stall schlich, ich sah aus dem Fenster, bis es endlos finster wurde und der Mond in seinem eigenen Hof ertrank.

# Der Traum

Ich kämpfte gegen den Schlaf, aber er griff mich immer wieder in Wellen an, legte unter mein Denken eine Wattewiese, zog die Augen immer hinunter in den Körper, in den Kreislauf, der, noch gestört und halb wach gehalten von den Geräuschen im Raum und außerhalb des Raumes, langsam von Watte überzogen wurde, bis selbst der Geräuschteppich von Müdigkeit überholt und eingeeist Hinabsinken und Schlaf wurde.

Mein Vater rief nach mir. Ich hörte sein Rufen deutlich, obwohl die Fenster verschlossen waren, aber ich rührte mich nicht. Gleich darauf klopfte Mutter an die Tür, ermahnte mich zur Eile.

Vater rief zum zweiten Mal, bereits in einer gereizten Lautstärke, und ich suchte Schutz, flüchtete tiefer in den Kern des Schlafes hinein. Es half nichts, sein Rufen erreichte mich noch immer, im Echo, viele, viele Rufe im Gefolge, von der Straße herauf, über den Treppenflur, hinein in mein Zimmer. Das Echo fand jeden Unterschlupf in mir. Aus der Küche trafen mich jetzt die Ermahnungen von Mutter, mit einem Ton, der mir an Vaters Ungehaltenheit die Schuld gab, sie rief: »Um Gottes willen, geh endlich, Vater hat eine Freude für dich, er will dir die Stadt der Pferde zeigen!«

Schlafwandlerisch erhob ich mich auf Befehl, zog mich taumelnd an, schlüpfte in meine Hosen, die ich schnell wieder auszog, weil mir einfiel, daß Vater Hosen an mir nicht vertragen konnte.

Von den Rufen fühlte ich mich so unter Druck gesetzt, daß ich nicht wußte, was ich zuerst anziehen sollte. Als ich endlich fertig war, suchte ich in allen Räumen nach Mutter, aber sie kümmerte sich nicht um mich, lehnte an dem Holzrahmen der Fensterfüllung und war mit den Augen in einen Baum versunken, während ich vor der Zimmerschwelle auf und ab ging.

Ich sprach sie an, sie drehte nicht einmal den Kopf in meine Richtung, so sehr folgte sie den Wirbeln des Windes. Ganz vorsichtig fragte ich sie, ob sie nicht mitkommen könne, ich sei noch so müde. Da reagierte sie mit einer ungewöhnlichen Bestimmtheit, die mich abschnitt von ihr: »Mach, daß du wegkommst, ich hab schon genug mit dem Grab zu tun.« Es war mir einfach nicht möglich, ihr zu sagen, daß ich wußte, wie sehr sie log, um aber nicht noch mehr Zeit zu verlieren, eilte ich die Treppen hinunter, hielt Ausschau nach Vater.

Er war nirgends zu sehen, und ich fing an zu laufen, einfach zu laufen, und ich hoffte, wenn ich mich bewegte, könnte er mir keinen Vorwurf machen. Oft und oft rief ich nach ihm, aber jedesmal kam ein heftiger Windstoß und schluckte meine Worte. Dann erinnerte ich mich, daß Mutter den Namen einer Stadt erwähnt hatte, und ich war sicher, daß ich ihn dort finden würde.

Den Verlauf der Straße, die Häuser und selbst die Bäume sammelte ich als Fotos im Kopf, damit ich später Vater nachweisen konnte, daß ich ihn gesucht hatte. Die Straße wurde immer breiter, zu beiden Seiten Bäume in Blüte, die Knospen standen hoch wie Kinderfäuste. Viele Bäume regneten ihre Knospenblätter ab, sie lagen in allen Farben auf der Straße, in die Windrichtung gezwungen.

Auf einem Platz parkten mehrere Taxis, ich fragte nach Vater, konnte ihn aber nicht beschreiben. Die

Fahrer lachten mich aus, dabei sahen sie einander so ähnlich, daß ich auch von ihnen keinen einzigen hätte beschreiben können.

Als ich allerdings die Stadt nannte, wurden sie aufdringlich freundlich, jeder drängte sich danach, mich in die Stadt der Pferde zu fahren. Ich wunderte mich, welch eine Aufwertung und Umkehrung meine geheimste Furcht erfahren haben mußte. Durchleuchtet und beschuldigt, daß ich mich offenkundig in Vater so wie in Mutter geirrt hatte, überließ ich mich einem der Fahrer, als müßte er mich zur Vorführung in die Stadt bringen. Nach endloser Zeit kamen wir an, die Stadt war von einer klinischen Reinlichkeit und technischen Perfektion, daß ich glaubte, mein Herz müßte sofort aufhören zu schlagen und ich würde an die eiserne Lunge angeschlossen werden. Je weiter wir in den Kern vordrangen, um so gläserner und stählerner wuchsen sich die Marmor-, Zement-, Beton- und Stahlgiganten aus, die in immer höhere Höhen und tiefere Tiefen wucherten, so daß weder Himmel noch Wolken zu sehen waren, nur ein lichttrinkender Dunst, der als Krone die Stadt köpfte. Der Fahrer warf mich mitten in den Bauch der Hochhäuser, die braunblendenden Wände taten sich mit allen Wänden zusammen, jagten mich durch die Straßenschluchten, mein Herz ging in das Ticken einer Uhr über, bis auch sie stehenbliebe und blanke Materie würde.

Ich nahm niemanden und nichts wahr, was mich an Vater oder Mutter erinnert hätte, denn meine Augen waren nicht mehr als eine Wasserwaage, die mit heftigen Pupillen-Reflexen Bewegungen oberhalb der Erdoberfläche bewies. Von allen Seiten bedrohten mich die Plakate, eingebrannt in die Atmosphäre, mit der Aufschrift: »Die Stadt der Pferde, die glückliche Stadt«.

In den Straßen hasteten Tausende von Menschen, mit einem Lächeln in das Gesicht gegerbt, eingeglast, und sie bewegten sich vorsichtig, damit das Glas nicht zerspringt und der künstliche Kreislauf mit einem menschlichen in Berührung kommt. Alle paar Stunden kreisten Autos mit Sprechanlagen, Zeitungen wurden verteilt, Transparente aufgehängt, die nichts anderes kundzutun brauchten als drohende Arbeitslosigkeit, ein tödliches Zurücksinken der Technik hinter die menschlichen Bedürfnisse und Terror und Gewalt aus anderen Ländern und Städten. Die Nachrichten überkamen die Stadt als Krieg, und danach regte sich ein neuer Sturm auf alles, was käuflich war, denn der pausenlose, mechanische Verbrauch war eine letzte Möglichkeit, die Tag und Nacht arbeitende Technik unter Vollbeschäftigung zu halten.

Dann wurde der Stadt wieder der Knebel in den Mund gedrückt, die Gitter der Sprachlosigkeit schlossen sich, niemand konnte Notiz von mir nehmen, so versunken waren sie dem Elend des Glücks verfallen, und sie liefen ohne Ende und ohne Ziel so wie ich – atmend mit und in der eisernen Lunge.

Plötzlich endeten alle Straßen in einer nachtdunklen Arena, und ich rettete mich hinein, ließ mich in eine der unzähligen Stuhlreihen fallen, die sich allmählich mit Menschen füllten. Vor mir ein schwarzer Vorhang, der über eine riesige Wand gezogen war und offensichtlich eine Bühne verbarg. Der Saal füllte sich mit demselben geknebelten Schweigen, das die Stadt zum Sarg machte. Einige eilten wie Uhrzeiger hin und her, verriegelten alle Auf- und Eingänge, die Dunkelheit wurde abgelöst von einem mageren Licht, das hinter dem Vorhang durchschimmerte.

Bald nachdem es dunkel geworden war, begannen

viele zu schlafen. Nach einer Weile wurde der Vorhang aufgezogen, auf der tiefen Bühne stand ein schwarzer Stahltisch mit einem schwarzen Plastiktuch, sonst nichts. Aus einer Stahlkammer kam ein nackter Mann, verbeugte sich und trat an den Tisch; auf einmal erkannte ich in ihm meinen Vater, er gab mir ein Zeichen, aber ich brachte keinen einzigen Ton heraus, so tief saß in mir noch der Knebel der Stadt.

Neben dem Tisch stehend, nackt und ölglänzend, stellte er sich und seine Kunst vor. Er nannte seinen und meinen Namen und daß er der erste sei, der diese Übung, die im vollkommenen Einklang mit der äußeren Technik stände, ausführe. Ich sprang auf, wollte ihm ein Handzeichen geben, weil ich noch immer nicht rufen konnte, aber dann ging alles so rasend schnell, daß meine Augen Mühe hatten, den Vorgängen zu folgen.

In einem eleganten Satz sprang er auf den Tisch, erhob sich sogleich, spannte sich mehrere Male nach hinten über, kontrollierte seine Beweglichkeit, machte einen Salto rückwärts, einen vorwärts, straffte sich plötzlich und bog sich in einem blitzschnellen Aufbäumen nach hinten, über seinen Rücken mit dem Kopf zu den Füßen. Er atmete jetzt kräftig durch, verweilte mit dem Mund an den Füßen, die er, nachdem er noch einmal laut und tief durchgeatmet hatte, im Mund verschwinden ließ. Noch einmal verdrehte er den Kopf mit den Zehen im Mund, aber dann durchfuhr seinen Körper eine Spannung, als raste Strom durch ein Hochspannungskabel, er atmete wieder aus und ein, wobei er mit seinem Einatmen implosionsartig in Sekunden seinen Körper von den Füßen, über die Beine, über den Rücken verschlang.

Ich steckte vor Entsetzen meine Hand in den Mund,

hörte ihn noch einmal einatmen, als von ihm nur noch der Hals mit dem Mund zu erkennen war. Und eh das Einatmen sich als Geräusch gelegt hatte, war von ihm nicht mehr übrig als ein Schweißfleck auf der Plastikdecke.

Einige brüllten ›Bravo‹, applaudierten, während ich mit einem letzten stummen Schrei aus der Arena stürzte und aus dem Lichtmeer der Stadt floh.

Vor mir tat sich eine Öde auf, in einem graublauen Rauch huschten Lichter, die winkend aus der Ebene stiegen, dann fast verblaßten.

Ich war froh, als ich ein Rufen hörte, und ging in den Rauch und in die zitternden Lichter hinein. Ab und zu ragten Hinweisschilder aus der Landschaft mit der Aufschrift »Zur Stadt der Pferde« und einem Pfeil in die Richtung, aus der ich kam. Dann, abgesondert in einer Talmulde, ein einzelnes Haus, vom Rauch umschlossen. Die Erde mit verdörrtem Gras kohlte leise und knisternd, angefacht vom Wind aus der Anhöhe, die das Haus im Rücken schützte.

Der Wind trug mir in eine Qualmwolke verpackt einen Streit aus dem Haus zu, Türen wurden aufgerissen und wieder zugeknallt. Vorn öffnete jemand alle Fenster, einige Kerzen im Haus erloschen und andere flackerten wild auf. Jetzt erkannte ich ganz klar die Stimme meiner Mutter. Niemals hatte ich sie so schreien hören, und niemals hatte sie ihre Wut an Räumen oder Gegenständen ausgelassen. Nach einem heftigen Wortschwall wurden Fenster ausgehängt und zu Boden geworfen, dann stand Mutter erschöpft in der Tür, tobte weiter wild hin und her laufend in die Räume zurück. Ich war überglücklich, meine Mutter gefunden zu haben, und legte das Stück Weg, das uns trennte, im Lauf zurück. Sie sah mich kommen, doch ihr Zorn blieb unverändert, ich faßte nach ihr, weil sie vorgab, mich zu übersehen, schon ihre Schuhe auszog, sie in die Hand nahm, damit sie die sengenden Flächen überspringen konnte. Sie war nicht aufzuhalten, bewegte sich so kraftvoll vom Haus fort, als würde sie bald selbst in Brand stehen. Ich rief nach ihr und weinte, weil die große Fremde mir so weh tat. Sie irritierte mich dermaßen, daß mir war, als hätte ich all die Jahre von ihr nur Fotos gesehen und würde ihr eben inmitten dieser glimmenden Öde zum ersten Mal körperlich gegenüberstehen.

Schon auf dem Weg drehte sie sich um und rief mir zu: »Ach ja – zu Vater willst du… lauf nur, geh hinein, geh nur… da drinnen sitzt er, seine Weltkugel zwischen den Beinen, mit seinen Kolonien im Kopf und im Herzen… spielt Ameisenherrscher, trauert vor sich hin, weil die Stadt solche Pferde wie ihn nicht braucht!«

All das sagte sie in einem Tonfall, von dem ich nicht wußte, ob er für mich oder gegen mich war, ich fühlte mich hin- und hergezogen zwischen Kindsein und Erwachsensein. Legte sie nicht gerade das ganze Land der Vergangenheit vor mir ab und erklärte mir damit, warum sie sein Grab vergessen hatte?

Aber als sie einfach nur verschwand, alle Zeichen hinter die Wand aus Rauch mit sich nahm, ließ sie mich ausgehöhlt und als Kind zurück, wo ich mein Leben damit zugebracht hatte, das, was ich durch die Schlüssellöcher gesehen hatte, in mir vergraben zu tragen, ein schweigendes Geheimnis, weil mich alle in dem Glauben beließen, daß ich nur durch Schlüssellöcher erwachsen werden könnte und daß eines Tages hinter den Netzen aus Schlüssellöchern die Welt von selbst für mich offen daläge.

Und sie ging, ging weg von mir, nahm das Wissen,

das auch sie inzwischen erfahren haben mußte, mit, daß die ganze Welt unter diesen Netzen beerdigt lag. Und auch jetzt sagte sie mir nicht, daß das Leben keine Schlüssellöcher braucht und daß sich meinem angstvollen, im Geheimen erlaubten Blick nichts anderes offenbart hatte als klägliche und einsame Intimität, die mit diesem Schlüssellochsystem das Leben für immer gefangen hielt.

Ich fühlte mich umgeben von Schlüsseln, so weit ich sehen konnte, jeder warf mir seinen Schlüssel zurück, während ich in mir nichts anderes spürte als ein großes Loch, mit dem ich die Vergangenheit vergessen sollte und die Zukunft füllen. Ich begann wütend zu weinen und warf mich mit ohnmächtigem Zorn in die dreckige Erde und schlug auf den Boden ein.

Allmählich zog der Tag auf und entblößte die Landschaft wie einen Kadaver.

Mit einer eigenartigen Kraft angefüllt betrat ich das Haus, in das jetzt eine gelbbraune Sonne mit dem Rauch hineinzog. Nichts regte sich, nur der laue Wind setzte Türen und Fenster in klappernde Bewegung. Ich wußte, daß ich Vater hier finden würde.

Er saß in einem großen Zimmer unter dem Schatten eines riesenhaften alten Schrankes, vor ihm ein Schreibtisch, der sich über die ganze Breite zog. Ein pausenloses Brabbeln lag im Raum, es floß ohne die kleinste Nuancierung in der Stimme als Wortrinnsal aus seinem Mund. Es war nichts zu verstehen, die Worte entwichen und verfielen sofort wie Tropfen, die aufklatschen und formlos verfließen.

Er war nachlässig gekleidet, unter etwas Abgewetztem ein weißes Hemd mit einem messerscharfen Kragen, der seinen Hals umstand. Seine Augen nahmen nichts wahr, sie blieben flackernd und blind mit dem

Wortbrabbeln verbunden. Er drehte sich mir zu, ohne zu merken, daß jemand im Zimmer war. Vor ihm auf dem Tisch, in einem Halbkreis angeordnet, große Fotos in Lederrahmen, die er jetzt mischte und vor sich aufstellte. Dann legte er seinen Kopf auf die Tischplatte und besah brabbelnd die Bilder, die ihn in den verschiedenen Altersstufen in einer immer prächtigeren Uniform und mit immer mehr Orden abbildeten.

Lange Zeit lag er so, während der Schatten des Schrankes länger wurde, sich der graublaue Rauch in die Räume wälzte. Dann erhob er sich langsam, nahm eine Gießkanne, die ich aus unserem Garten kannte, öffnete das Fenster und begoß bedächtig und in seine Geräusche versunken seine eigenen kahlrasierten Köpfe, die fein säuberlich und Kopf an Kopf aufgereiht in einem Holzblumenkasten angepflanzt waren und ihn von der Jugend bis ins Alter noch einmal zeigten.

Plötzlich rief er mich, mein Schlaf sprang aus mir heraus, ließ mich allein und fremd mit offenen Augen in meinem Bett zurück.

Jemand klopfte an die Tür, und ich stand auf.

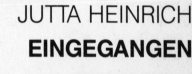